Fáithe an Fichiú hAois

Fáithe an Fichiú hAois

Séamus Ware

"Uch nach fáithe iad pobal an Tiarna ar fad,
agus nár chuir an Tiarna a spiorad orthu go léir"

(Uimhreacha 11:29)

Foilseacháin Ábhair Spioradálta

Baile Átha Cliath

An chéad chló 2007

Bord na Leabhar Gaeilge

Tá *Foilseacháin Ábhair Spioradálta* buíoch de Bhord na Leabhar Gaeilge as tacaíocht airgid a thabhairt dóibh.

Leabhair eile leis an údair:
Na Tuataí san Eaglais
Na Cluichí Oilimpeacha

Clóchur & Dearadh Clúdaigh: Daire Ó Beaglaoich, Graftrónaic
Clódóirí: Johnswood Press
ISBN 978-0-9553605-3-4

Clár

Buíochas

Táim faoi chomaoin ag an tSr. Éilís Ní Thiarnaigh, Stiúrthóir Fhoilseacháin Ábhair Spioradálta (F.Á.S.), as a comhairle. Gabhaim buíochas freisin le Ciarán Ó Coigligh, Eagarthóir F.Á.S.

Táim fíor-bhuíoch de mo chéile dílis, Síle, a léigh an dréacht, agus a cheartaigh roinnt botún cló agus gramadaí. Táim faoi chomaoin ag Caoimhín Ó hIcí as a shaothar ceartúcháin, caighdeánaithe agus cóirithe.

Táim an-bhuíoch de bheirt a d'aimsigh eolas dom ar phearsana áirithe – an Dr. Julian Mac Airt agus Claire Cawley.

Mo bhuíochas freisin do Cháit Uí Loingsigh as aistriúchán ó Fhraincis go Gaeilge.

Gabhaim buíochas le daoine a thug leabhair (agus irisí i gcásanna áirithe) ar iasacht dom:

An tOirmh. Alan Martin, An Eaglais Phreispitéireach in Éirinn

An tAth. Cyril Lovett, S.S.C., eagarthóir *The Far East*

An tSr. Mary O'Brien, eagarthóir *Intercom*

Colette Ware.

Ní mór dom mo bhuíochas a admháil do na hirisí *Bible Alive*, *Sojourners*, *Spirituality* as a bhfuair mé an-chuid eolais.

Músclaíodh mo shuim san ábhar seo de bharr cúrsaí scrioptúir ar fhreastail mé orthu in Institiúid Bhaile an Mhuilinn ("Léachtaí sa Scrioptúr") agus in Institiúid na Prioráchta i dTamhlacht, agus táim an-bhuíoch de na léachtóirí a thug na cúrsaí sin.

Réamhrá:

Fáithe idir Shean agus Nua

Cad is fáidh ann?

Má luaitear fáidh nó fáidheadóireacht le daoine inniu, is é is dóichí go gceapfar gur réamhaithris nó tairngreacht atá i gceist. Ach ní hamhlaidh atá, go bunúsach ná i gcónaí. Sa chiall bhíobalta de (agus is é sin atá i gceist agam sa leabhar seo), ba é gnó an fháidh léirmheas a dhéanamh ar an tsochaí timpeall air, i gcomhthéacs: (i) An Chúnaint (sa Sean-Tiomna) agus (ii) An tSoiscéil (do Chríostaithe). Ba dhaoine iad na fáithe a bhí (a) ina mbreathnóirí grinne ar an saol thar timpeall; (b) le tuiscint ar cad is mian le Dia; (c) agus réidh chun labhairt amach in aghaidh lochtanna agus dul ar strae. Is féidir linn breathnú ar fheidhm an fháidh sa lá atá inniu ann mar chabhair ag daoine machnamh ar a n-eispéireas féin.

Tá gné nó dhó eile de shaol na bhfáithe nár mhiste a lua, go háirithe an *ghairm* phearsanta a fuair siad ó Dhia – féach Irimia: "Tháinig briathar an Tiarna chugam, ag rá.... d'ordaigh mé thú i d'fháidh do na ciníocha" (Ir. 1: 4-10). Síolraíonn an téarma Béarla ón nGréigis "*prophétés*" a úsáidtear chun an focal Eabhraise a aistriú: "duine a labhraíonn thar ceann Dé toisc go bhfuil sé roghnaithe ag Dia agus údaraithe aige freisin chun labhairt thar a cheann" (ráiteas ó Mhícheál Ó Maoláin in *Diagacht don Phobal 1*). Is bunriachtanas í an ghairm dhiaga sin mar a dhearbhaigh Naomh Peadar ina Dhara Litir (1: 21): "Óir ní ó ghníomh tola daonna a tugadh aon fháistine riamh, ach gur labhair daoine ó Dhia agus iad faoi luí an Spioraid Naoimh". Ag léiriú nach bhfuil ná nach raibh an ghairm sin teoranta do roinnt bheag daoine speisialta, féach an ráiteas seo i Leabhar Ióéil (3:1): "Agus ina dhiaidh sin doirtfidh mé mo spiorad amach ar chách, agus déanfaidh bhur gclann mhac agus bhur n-iníonacha tairngreacht..."

Go drogallach a d'fheagair roinnt mhaith fáithe anallód an ghairm dhiaga. Tugann scoláirí scrioptúir 'scéalta gairme tairngreachta' ar scéalta a insíonn conas mar a glacadh leis an ngairm – tá gnéithe comónta iontu, drogall, agóid, féin-amhras, nó eagla roimh thodhchaí éiginnte. Ag dul siar go Maois, nuair a ghlaoigh Dia air, thosaigh sé ag déanamh sraith leithscéalta (Eax. caibidil 3). Ghabh Irimia leithscéal nach raibh ann ach buachaill, agus nuair a dúradh le hEizicéil iompú ó bheith ina shagart go bheith ina fháidh, bhí sé idir dhá chomhairle i dtosach.

Bhíodh na fáithe ag labhairt amach faoi iarmhairtí ár ngníomhartha reatha sa todhchaí. Labhraídís freisin faoi athnuachan sa tsochaí agus faoi dhílseacht do dhlí Dé. Nach bhfuil go leor fianaise air sin i scéalta na ndaoine atá faoi thrácht sa leabhar seo?

Fáithe an tSean–Tiomna

Ag tosú le Maois féin, léirítear i scéal mórán de na seanfháithe eispéireas ar leith – ócáid aistrithe (an Eaxodus ina chás siúd). Bíonn ceacht le foghlaim as an eispéireas sin, go mbíonn Dia taobh thiar dínn ar ár n-aistear tríd an saol, trí dheacrachtaí, trí fhulaingt, agus tríd an áthas a bhaineann le bealach Dé a leanúint. Fiú ag dul siar roimh Mhaois, luaitear Abrahám mar fháidh, ina chás siúd duine a d'fhreagair an ghairm ó Dhia agus a chuir chun bealaigh gan a fhios aige cá raibh a thriall.

Rud amháin nach dtuigtear go forleathan, b'fhéidir, ná gur aithníodh mná ina bhfáithe. Ina measc siúd, tá:

- Miriam, deirfiúr le Maois agus Árón, a chuir ceann ar loinneog an bhua in onóir an Tiarna (Eax. 15: 20).
- Déabóra, duine de na breithiúna, "a dtagadh clann Iosrael chuici" (Leabhar na mBreithiúna 4: 4).
- Huldá, ar lorg sagairt agus searbhóntaí an rí comhairle uaithi (II Leabhar na Ríthe 22: 14-20).

I gcuid de leabhair an tSean-Tiomna, téitear thar fóir ag tagairt do bhuíonta fáithe, breis is 400 díobh, nach bhfuil údaraithe.

Roinntear na fáithe eatarthu siúd a mhair roimh an Deoraíocht agus na fáithe a tháinig ina diaidh sin. Ar na fáithe ba thúisce a bhfuil leabhair ainmnithe orthu, tá: Amós, Hóisé, Míocá, agus an Chéad Íseáia. Glacann scoláirí scrioptúir leis anois go raibh údair éagsúla le Leabhar Íseáia – caibidil 1-39 ag an "Chéad Íseáia", caibidil 40-55 ag an "Dara hÍseáia" a scríobhadh do Ghiúdaigh a bhí ar deoraíocht sa Bhablóin, agus an tríú cuid, caibidil 56-66, ag an "Tríú hÍseáia" nó ag duine ó "Scoil Íseáia".

Cé gurbh aoire é Amós i dtosach agus gan oideachas air, nuair a fuair sé an ghairm, labhair sé amach ar théamaí mar: easpa an fhíorchreidimh (á léiriú trí éagóir a dhéanamh ar dhaoine, agus trí bheith mí-ionraic do Dhia féin); labhraíonn sé ar chúrsaí cirt agus cáineann sé an bhréagchráifeacht (féach 5: 14-15, 24). Gné shuntasach de theagasc Amós ná go bhfuil Iáivé ina Dhia agus ina Athair ar an gcine daonna go léir. Bhí Hóisé beagnach i gcomhaimsir le hAmós, ach chuir sé béim ar ábhar eile – Dia grámhar agus a thrócaire, agus d'úsáid sé samhailchomhartha an phósta. I gcás Mhíocá, tá véarsa uaidh a luaitear go minic le déanaí (6:8): "Céard a iarrann an Tiarna ort. Níl uaidh ach seo: an ceart a dhéanamh, buanghrá a chothú, agus siúl go humhal i bhfochair Dé".

Níl spás ná cumas agam tuairisc chuimsitheach a thabhairt ar na daoine ba thábhachtaí, fiú, i measc na seanfháithe. Déanfaidh mé iarracht cuid de na téamaí a bhí acu agus a bhaineann lenár linn féin a lua. I Leabhar Íseáia tá tagairtí do na nithe seo a leanas:

- fís den todhchaí a léiríonn an dlúthbhaint idir dul i ngar do Dhia agus i ngar dá chéile (2: 2-4).
- mar a scríobh an t-údar faoi gach duine, ní Giúdaigh amháin, tráth a bhí cinefóibe ag méadú.
- cáineadh láidir ar éagóir shóisialta, agus ar theacht i dtír ar na bochtáin.
- fís de "Neach Naofa Iosrael, an Slánaitheoir", agus "Amhrán Shearbhónta Iáivé" – tuigtear gurb é pearsantú an Mheisias atá ansin.
- i mBíobla Mhaigh Nuad, deirtear gurb iad an dá mhór-smaoineamh ag Íseáia ná naofacht Dé agus peacúlacht an duine.

Duine eile de na mór-fháithe ba ea Irimia. Fear a mhair in aimsir chorraitheach a bhí ann, fear cúthail ba ea é, agus bhí eagla air roimh an saol poiblí, agus níor theastaigh uaidh a bheith ina fháidh. Ach i dteannta le tairngreacht faoin tubaiste a bhí le teacht, tá scéal dóchais aige – cúnant nua, cúnant an chroí, agus dlúthpháirtíocht le hIáivé. Irimia, agus fáidh a bhí ar deoraíocht sa Bhablóin, Eizicéil, bhí siad chomh radacach sin nach raibh muinín acu as an Teampall in Iarúsailéim. Ba é an dearcadh nua acu go mbíonn Dia ar fáil i ngach aon áit. I gcaibidil 37 de Leabhar Eizicéil, tá an fhís cháiliúil faoin ngleann lán le cnámha seargtha agus spiorad (= anáil) Dé ag séideadh beatha nua iontu.

Téama ríthábhachtach atá luaite ag fáithe éagsúla ná an Meisias, an Slánaitheoir, atá le teacht – tá sin luaite go suntasach ag Íseáia (caibidil 7 faoin leanbh ar a dtabharfar Ímeánuéil á shaolú d'ógbhean), agus ag Míocá, a deir (caibidil 5) gur ó Bheithil a thiocfaidh "an té a bheidh ina cheann urra ar Iosrael". Tá tagairt do Pháis Chríost i Salm 22. Dar ndóigh d'fhéadfá dul ar aghaidh le liosta fada tagairtí mar sin, ach ní leabhar scrioptúir go príomha é seo.

Fáithe sa Tiomna Nua agus sa Ré Chríostaí

Sa Soiscéal a chloisimid faoi Eoin Baiste den chéad uair, agus is léir go raibh sé i dtraidisiún fháithe an tSean-Tiomna. Tá sé ráite ag údair áirithe faoi Eoin gurbh é an duine deireanach d'fháithe an tSean-Tiomna é. Luann Marcas agus Matha véarsa 40: 3 ó Íseáia: "Tá glór ag fógairt, réitígí cosáin san fhásach le haghaidh an Tiarna". Ag tús Lúcáis deirtear faoi: "Gluaisfidh sé roimhe amach le spiorad agus le cumhacht Éilias ......chun pobal a dhíongmhála a ullmú don Tiarna". Nuair a d'fhiafraigh an pobal d'Eoin arbh é an Críost é, d'fhreagair sé: "tá an té atá ag teacht níos treise ná mé; baistfidh seisean sibh leis an Spiorad Naomh" (Lúc. 3: 15/16). Thug Eoin fianaise chróga ar an Tiarna agus ar an bhfírinne, agus d'íoc sé as lena bheatha.

Is léir go raibh creideamh i bhfáidheadóireacht in aimsir Chríost agus ina dhiaidh. I gcuntas Lúcáis ar an Toirbhirt sa Teampall, tá cur síos ar Shimeon i mbun tairngreachta agus ar an mbanfháidh, Anna.

Sa Luath-Eaglais, luaitear m.sh. "tháinig fáithe anuas ó Iarúsailéim go hAintíoch (Gníomh. 11: 27). Theagasc Peadar ina Dhara Litir (1: 21) "gur labhair daoine ó Dhia agus iad faoi luí an Spioraid Naoimh". Sa liosta atá ag Pól (II Cor. 12) faoi thíolacthaí an Spioraid agus baill den Chorp agus den Eaglais, tugann sé áit ard d'fháithe, agus i I Teas. deir an tAspal céanna "ná déanaigí neamhshuim de na ráite fáidhiúla" (5: 20).

Anuas trí na haoiseanna, bhí pearsana móra ag tabhairt fianaise ar an Soiscéal ar shlite éagsúla. Ach ní miste cuimhneamh nach ionann i gcónaí fáidh agus naomh, cé go bhféadfadh an dá fheidhm a bheith bainteach leis an duine céanna. Bunthréith a bhaineann le fáidh, agus ceangal idir an sean is an nua, ná léirmheastóireacht shóisialta.

Sa Bhunreacht *Lumen Gentium* ó Vatacáin II, tá an ráiteas fíorthábhachtach seo (alt 12): "Tá pobal naofa Dé páirteach freisin i gcúram fáidh Chríost, ag tabhairt fianaise go forleathan dó go háirithe trína bheatha creidimh agus carthannachta".

Agus in alt 35, leantar leis an téama: "Déanann Críost an Fáidh Mór ... a chúram fáidh a chomhlíonadh gan staonadh. Ní dhéanann sé amhlaidh tríd an gCliarlathas amháin... ach freisin trí na tuataí a cheap sé mar fhinnéithe dó".

Mo rogha d'fháithe nua-aimseartha

Is rogha phearsanta atá sa dáréag i gcaibidlí an leabhair seo, dar ndóigh. Bhí moltaí á bhfáil agam ó dhaoine éagsúla, agus éinne eile a thabharfadh faoin saothar seo, is é is dóichí gur liosta éagsúil a bheadh aige.

Rinne mé iarracht ar léiriú a thabhairt ar ilgnéitheacht na mbealaí ina raibh daoine sa 20ú Aois – cléir is tuataí, fir is mná, ó chúlraí éagsúla Críostaí – ag tabhairt fianaise do Chríost, uaireanta ag cur a mbeatha i mbaol nó ag fulaingt báis. Tá éagsúlacht mhór sna bealaí inar tugadh fianaise, agus béim á cur ar ghnéithe difriúla de bheatha Chríost agus dá dhea-scéal. Ábhair nua a tháinig chun tosaigh nó ar cuireadh béim bhreise orthu sa 20ú Aois, cuimsíonn siad na nithe seo a leanas: cothromaíocht agus saoirse do gach cine nó aicme, caomhnú an chomhshaoil (cruthaitheacht Dé), éacúiméineachas, síocháin agus athmhuintearas (go háirithe i ndiaidh uafáis na gCogaí Domhanda), múnlaí nua eaglasta agus áit tuataí san Eaglais, áit na mban. Ba ar éigean a luafaí cuid de na hábhair sin i spioradáltacht na n-aoiseanna atá caite.

Na fáithe a bhfuil tuairiscí orthu anseo, is dóigh liom go raibh siad ag saothrú, ar shlí amháin nó ar shlí eile, ar son "ríocht na fírinne agus na beatha, ríocht na naofachta agus an ghrásta, ríocht an chirt, an ghrá agus na síochána" (Preafáid do Shollúntacht Chríost Rí na nUile).

Dietrich Bonhoeffer

1906 – 1945

Tréadaí, Diagaire agus Mairtíreach

"Ná bíodh aon déithe eile agat i mo láthair" (*Eax.* 20:3)

A chlann agus a óige

Ba dhuine de chúpla é Dietrich a rugadh in Breslau na Gearmáine ar 4 Feabhra 1906 do theaghlach cultúrtha a bhí go maith as. Seachtar deartháireacha is deirfiúracha a bhí aige. Ollamh le síciatracht ba ea an t-athair, Karl, agus d'aistrigh muintir Bonhoeffer go Beirlín i 1912 nuair a fuair Karl post san Ollscoil ann. Bean láidir chumasach a bhí sa mháthair, Paula (née von Hase), a raibh a hathair tráth ina shéiplíneach don Kaiser. Bhí sí gafa le tógáil a clainne agus riaradh an teaghlaigh ina raibh idir cúigear agus seachtar searbhóntaí. Bhíodh sí ag tabhairt oideachais dá páistí agus do pháistí cuid dá cairde. D'éirigh chomh maith leis na ceachtanna baile sin go raibh na páistí in ann fanacht as an scoil ar feadh bliana nó níos mó; agus dá thoradh sin gur sheas siad scrúdú cinn chúrsa scoile go hóg, mar a rinne Dietrich. I mBeirlín bhí cónaí ar mhuintir Bonhoeffer in Grunewald, fo-bhaile sciamhach, i measc scoláirí.

Mac léinn maith a bhí in Dietrich, agus suim aige i gceol. Léirigh sé trí thréith a lean leis i rith a shaoil: beogacht shuntasach; nádúr goilliúnach; agus cumas chun smaoineamh a chur i ngníomh. Bheartaigh sé dul le ministreacht san Eaglais (Shoiscéalach), cé nach raibh mórán béime ar chúrsaí creidimh sa bhaile. Dearcadh liobrálach a bhí ag Karl Bonhoeffer agus ní bhíodh an chlann ag freastal ar eaglais fiú ar na féilte móra. Bhí suim ag an mháthair sa Bhíobla, gan dearcadh cráifeach a léiriú. Mhúineadh teagascóir mná a bhí fostaithe ag a mhuintir scéalta ón mBíobla do na leanaí óga sa bhaile. Léadh an mháthair scéal na Nollag de réir Lúcáis gach Oíche Nollag. Nuair a bheartaigh Dietrich dul le diagacht, níor chuir a thuismitheoirí ina choinne, ach amháin le hiarracht a fháil amach an mbeadh suim aige i gceol mar ghairm. Rinne Dietrich staidéar ar dhiagacht sna hOllscoileanna in Tübingen agus i mBeirlín agus ag aois 21 ghnóthaigh sé *licentiate* (a bhí ar aon chéim le Dochtúireacht) de thoradh tráchtais faoin teideal: *Sanctorum Communio* a bhain le hiniúchadh ar shocheolaíocht na hEaglaise. Chum sé an ráiteas 'Críost ar marthain san Eaglais'. Sa tráchtas sin (a foilsíodh i mBeirlín i 1930) scríobh sé: "I gCríost tá an daonnacht tarraingthe isteach go fíor i nDia". Tugadh an sár-ghradam *summa cum laude* dó. Thug an diagaire Eilbhéiseach Karl Barth "míorúilt diagachta" ar an saothar sin. Fad is a bhí sé ina mhac léinn, chaith sé tréimhse sa Róimh in earrach 1924 agus chuir sé an-suim i dteagasc agus searmanais na hEaglaise Caitlicí.

Díreach ina dhiaidh sin, chaith Bonhoeffer bliain in Barcelona ar obair thréadach le pobal Gearmáinise. Ar fhilleadh ar Bheirlín dó, fuair sé post i 1930 mar léachtóir i ndiagacht chórasach. Fuair sé scoláireacht chun bliain a chaitheamh ag an *Union Theological Seminary* i Nua-Eabhrac. Chuaigh a chuid eispéireas i rith na bliana sin 1930-31 i bhfeidhm go mór air – ní hamháin i gcúrsaí diagachta ach maidir le taithí saoil i gcotinne – m.sh. chaith sé a lán ama in Harlem ag fáil eolais ar shaol na ngormach, ag déanamh cairde, agus ag foghlaim a gcuid iomann gorm. Bhí dhá eispéireas thábhachtacha ag Bonhoeffer sular thosaigh sé ag léachtóireacht in Ollscoil Bheirlín i bhfómhar na bliana 1931. I dtosach, chaith sé trí seachtaine in Bonn ag labhairt leis an Ollamh Karl Barth, diagaire a chuaigh i bhfeidhm go mór air. D'fhreastail sé mar thoscaire óna eaglais féin ar chomhdháil éacúiméineach in Cambridge Shasana. Toghadh ina Rúnaí Idirnáisiúnta don Óige é ag an gComhaontas Domhanda a d'eagraigh an chomhdháil sin, agus lean a pháirtíocht i gcúrsaí éacúiméineacha ar feadh a shaoil.

Léirigh Bonhoeffer a chumas ní hamháin mar dhiagaire ach mar thréadaí, gan mórán moille. Bhíodh na sluaite ag freastal ar a chuid seanmóirí in Technische Hochschule i gceantar Charlottenburg mar a raibh sé ina thréadaí do na mic léinn. Ina theannta sin, ghlac sé le cúram (a ceapadh a bheith dodhéanta) rang de leathchéad buachaill a ullmhú don Chomhneartú i gceantar an-bhocht i dtuaisceart na cathrach. Tháinig sé chun cónaithe i measc a chuid "paróisteach". Thugadh sé cuireadh do ghrúpaí díobh chuig a sheomra sna tráthnónta i gcomhair béile, cluichí, léamh an Bhíobla agus teagaisc. Ag an am céanna, bhí sé ag léachtóireacht san Ollscoil, ag freastal ar chomhdhálacha éacúiméineacha i dtíortha i lár na hEorpa, agus ag scríobh.

Naitseachas agus na hEaglaisí

Ar an 30 Eanáir 1933, insealbhaíodh Adolf Hitler mar Sheansailéir ar Thríú Reich na Gearmáine. Dhá lá níos déanaí (ar Lá Fhéile Bríde) thug Bonhoeffer caint raidió i mBeirlín ar "athruithe i gcoincheap an Cheannaire san Aos Óg", inar léirigh sé an baol a bhain le coincheap nua mealltach de cheannaire a bhí nasctha leis an *duine* seachas leis an *oifig*. Dar leis, ní bheadh de thoradh air seo ach íoladhradh. Briseadh ar an gcraoladh sula raibh críochnaithe aige, agus ó thús Réimeas na Naitsithe, aithníodh Bonhoeffer mar chéile comhraic. Sa bhliain sin, bhí cur is cúiteamh san Eaglais Ghearmánach Shoiscéalach maidir le comhoibriú leis an Naitseachas. Ar thaobh amháin, ghlac Sionad Ginearálta na Prúise le riail a chosc ar dhuine ar bith de shliocht Giúdach nó a bhí pósta le Giúdach ar phost ar bith a ghlacadh san Eaglais. Ar an taobh eile, bunaíodh *Pfarrernotbund* (Conradh Práinne na dTriadaithe) faoi chinnireacht Martin Niemoeller, agus bhí Bonhoeffer ar dhuine de na diagairí a chabhraigh le dréachtú "Dearbhú Bethel" a foilsíodh faoi eagarthóireacht Niemoeller. Leathnaigh sé a chaint raidió agus foilsíodh í agus scríobh sé aistí ag léiriú go raibh sé go mór ar son cur i gcoinne an réimis ar bhonn soiscéalach. Eachtra eile a tharla sa bhliain sin 1933 ná gur shínigh an Vatacáin *Concordat* leis an Tríú Reich i mí Iúil.

I bhfómhar na bliana fuair Bonhoeffer cead neamhláithreachta ón Ollscoil agus chuaigh go Londain mar thréadaí do dhá phobal Gearmáinise. Bhí dlúth-theagmhálacha aige le ceannairí eaglasta éacúiméineacha i Sasana, ina measc George Bell, Easpag Chichester. Chuaigh sé mar cheannaire ar thoscaireacht aos óg na Gearmáine chuig cruinniú mór sa Danmhairg i 1934. Thug sé óráid ar "An Eaglais agus Muintir an Domhain" inar mhol sé gairm radacach ar son na síochána; agus comhthoghadh ina bhall é den Chomhairle a cháin rialú Naitsíoch ar an Eaglais. Bhí Bonhoeffer ag smaoineamh ar dhul chun na hIndia chun bualadh le Gandhi agus staidéar a dhéanamh ar a mhodhanna síochánta.

In earrrach 1935 fuair Dietrich iarratas ón Eaglais Admhálach filleadh ar an nGearmáin agus dul i gceannas ar choláiste cléireach "neamhúdaraithe" (ag an rialtas) in Pomerania. Institiúid a bhí ann chun oiliúint bhreise a thabhairt do ghrúpa *Vikar* (ministrí cúnta) ar feadh leathbhliana nó bliana. Sa chéad rang faoina chúram bhí 25 Vikar agus chuir siad fúthu i dtosach i dteachíní ar chósta Mhuir Bhailt agus ansin i seanteach mór ag Finkewalde in aice le Stettin in oirthuaisceart na Gearmáine (atá anois ina bhaile de chuid na Pólainne). Chaith sé dhá bhliain i mbun a chúraim ansin go dtí gur dúnadh an coláiste ar ordú ó Heinrich Himmler. I rith na tréimhse sin, thosaigh Bonhoeffer saghas nua oideachais diagachta – bunaithe ar shaol le chéile mar phobal inar glacadh lándáirire le gairm Íosa chun bheith mar dheisceabail. Scríobh sé leabhar beag bunaithe ar a chuid cainteanna ansin – leabhar ar foilsíodh leagan Béarla de tar éis an Chogaidh faoin teideal *Life Together*. Tá caibidil sa leabhar ar Mhinistreacht ina bhfuil rannóga ar Mhinistreacht na Ceansachta, Ministreacht na hÉisteachta, Ministreacht na Tacaíochta, Ministreacht na Fógartha, Ministreacht an Údaráis (= Seirbhís!). Duine de na mic léinn sa choláiste sin ba ea Eberhard Bethge, a bhí níos déanaí ina chúntóir agus ina chara ag Bonhoeffer, a phós a neacht, agus a scríobh an bheathaisnéis dheifnídeach ar Dietrich.

In earrach 1936 thug sé grúpa Vikar ón gcoláiste cléireach ar thuras staidéir don Danmhairg agus don tSualainn. Thug an turas sin deis dó na hEaglaisí sna tíortha sin a chur ar an eolas faoin streachailt a bhí ar siúl in Eaglais na Gearmáine. An bhliain dár gcionn, d'fhoilsigh Bonhoeffer leabhar a bhain clú amach dó ina thír dhúchais: "Costas deisceabalachta", inar thug sé idirmhíniú domhain ar Sheanmóir an tSléibhe.

I 1939, chaith Bonhoeffer agus Bethge thart ar mhí i Sasana, agus d'athnuaigh Dietrich a chuid teagmhálacha éacúiméineacha ann. Bhí a chuid cairde ag tathant air imeacht ón nGearmáin ar mhaithe lena shábháilteacht. Ach d'fhill sé ar an nGearmáin go bhfuair sé cuireadh chun múineadh sa *Union Theological Seminary* i Nua-Eabhrac. Níor fhan sé ach mí ansin go ndeachaigh sé ar ais don Ghearmáin nuair ba léir go raibh cogadh le tosú. Foilsíodh an leabhar deireanach dá chuid i 1940: *Leabhar Urnaí an Bhíobla – réamhrá do na Sailm*. Léirítear a shuim san ábhar sin agus cuid dá smaointe i machnamh ar Salm 119, ar foilsíodh leagan Béarla de i Meiriceá i 1984 le béim ar véarsa19: "Táim i mo dheoraí ar talamh; ná ceil orm d'aitheanta". Is díol spéise a bhfuil ann ag ceangail Salm 119 le Eax. 22:20 agus i Croin. 29:15 faoinár saol mar dheoraithe ar talamh. Mar shampla, seo sliocht gairid as an machnamh sin: "Mar dheoraí, táim faoi smacht dlíthe mo thearmainn... Níl sé de cheart agam díspeagadh a dhéanamh ar an talamh ar a dtuillim mo bheatha" – focail atá níos tábhachtaí ná riamh i saol an lae inniu.

Príosún agus Bás

Ba léir gur thuig na Naitsithe gur namhaid acu é Bonhoeffer. Ó 1938 i leith, bhí cosc air cónaí i mBeirlín. Sula i bhfad, b'éigean dó éirí as a chuid múinteoireachta, agus bhí cosc air labhairt go poiblí áit ar bith sa Reich nó saothar scríofa ar bith a fhoilsiú. Mar sin, i ndiaidh a leabhair ar na Sailm (1940), ba tar éis a bháis a clóbhuaileadh saothair eile dá chuid. Ceann de na saothair a foilsíodh i ndiaidh a bháis ná cnuasach léachtaí ar Eiticí.

Cé gur shíochánaí i dtosach é, ó 1940 i leith bhí Bonhhoeffer sáite i gcúrsaí polaitíochta agus i ngluaiseacht freasúra i gcoinne Hitler. Ag an am sin, dúirt sé: "Is Ainchríost é Hitler... caithfimid é a dhíothú". Bhí baint aige le daoine in ardoifigí stáit, go háirithe trí chéile a dheirféar Hans von Dohnanyi, dlíodóir a raibh post mór aige le Cúirt Uachtarach na Gearmáine. Bhí seisean ina Rúnchara ag an gCoirnéal (Maor-Ghinearál níos déanaí) Hans Oster, comhordaitheoir den ghluaiseacht freasúra sna blianta tosaigh. Bhí Oster ina ardoifigeach san Abwehr, seirbhís faisnéise mhíleata faoin Aimiréal Canaris. Trí dhaoine mar sin, fuair Bonhoeffer na páipéir chuí chun dhá thuras thábhachtacha a dhéanamh – don Eilbhéis (1940) agus don tSualainn (1942), áiteanna a ndearna sé teagmháil le hArdrúnaí Chomhairle Dhomhanda na nEaglaisí agus leis an Easpag Bell ó Chichester. Ba é a aidhm, trí chomhráite le ceannairí eaglasta, go gcuirfeadh sé brú ar na Comhghuaillithe téarmaí réadúla síochána a thairiscint a neartódh an freasúra sa Ghearmáin. De réir a chéile, bheartaigh sé gur "éalú mídhleathach ba ea an síochánachas", agus sa deireadh bhí sé páirteach sa chomhcheilg in aghaidh Hitler.

Tharla eachtra sa teaghlach a léirigh go raibh teagmhálacha ag muintir Bonhoeffer le daoine ar an leibhéal ab airde den Réimeas Naitsíoch, in ainneoin go raibh cuid acu faoi amhras. Ar 21 Márta 1943, bhí teacht le chéile sa teaghlach ag ceiliuradh 75ú lá breithe Karl Bonhoeffer, an t-athair. Seinneadh cantáidí le Dietrich ar an bpianó, a dheartháir Klaus ar an dordveidhil, agus i measc an chóir bhí Hans von Dohnanyi. Bhí seisean imníoch le linn an ama, ag faire ar an gclog agus ag súil le glaoch gutháin. Ba é an chúis leis sin ná go raibh Maor Airm ón Abwehr chun iarracht a dhéanamh Hitler a mharú, scéim eile ar theip uirthi. Ach le linn na cóisire tháinig teachtaireacht chomhghairdis ón Führer ag bronnadh bonn Goethe ar an Ollamh Emeritus Bonhoeffer!

Ar 5 Aibreán, ghabh an Gestapo Hans von Dohnanyi, a bhean Christine (née Bonhoeffer), is Dietrich Bonhoeffer, agus bhí siad ar a gcoinneáil ar feadh dhá bhliain ina dhiaidh sin nó gur maraíodh na fir sin agus comhchealgairí eile. I bpríosún Tegel i mBeirlín a bhí Dietrich ar feadh bliain go leith. Cé go ndearnadh cinsireacht ar litreacha a chuireadh sé tríd an phost oifigiúil chuig a thuismitheoirí, fuair sé cabhair ó bhairdéirí cairdiúla chun comhfhreagras saor ó chinsireacht a dhéanamh le Maria von Wedemeyer (a raibh geallúint pósta eatarthu ag an am cé nach raibh sise ach 18 mbliana d'aois) agus lena chara agus a chomhghleacaí Bethge. Bhailigh Bethge agus chuir sé in eagar litreacha agus páipéir dá chuid a foilsíodh sa Ghearmáin i 1951 agus foilsíodh aistriúcháin i Sasana agus i Meiriceá cúpla bliain níos déanaí. Bhí deis aige leanúint lena staidéar ar an mBíobla sa phríosún freisin, agus scríobh sé dánta, dráma (neamhchríochnaithe), agus úrscéal (neamhchríochnaithe).

Tharla iarracht mhírathúil Hitler a mharú le buama ar an 20 Iúil 1944, agus dhá mhí níos déanaí aimsíodh páipéir a bhí mar fhianaise in aghaidh a lán díobh siúd a bhí páirteach sa ghluaiseacht fhrith-Naitsíoch, chomh maith leis na comhchealgairí sa scéim buama. Aistríodh Bonhoeffer, dá bhrí sin, chuig príosún míchlúiteach an Gestapo sa Prinz Albrecht Strasse. Coimeádadh i gcillín in íoslach ansin é agus bagraíodh céasadh air. Ba mhór an difir idir an nós imeachta i bpríosún Tegel agus ceann Prinz Albrecht Strasse. Cuireadh Klaus Bonhoeffer chun báis i mBeirlín in Aibreán 1945, deartháir Dietrich, agus a dheartháir céile Rüdiger Schleicher. Leanadh leis an diancheistiú ar Dietrich ar feadh roinnt míonna i 1944, ag cur béime ar a chuid teagmhálacha leis an Easpag Bell agus le daoine eile thar lear. Ní bheadh a fhios againn in aon chor faoi na míonna deireanacha ina shaol murach tuairisc ó chomhphríosúnach, Fabian von Schlabrendorff, ar éirigh leis éalú agus na cosa a thabhairt slán, ar ball, chun na hIodáile. Ba bheag nár lean na fiosrúcháin i gcás Dietrich Bonhoeffer fada go leor chun go dtiocfadh deireadh an Chogaidh roimh dheireadh an fhiosrúcháin.

Lá éigin i mí Feabhra 1945, aistríodh ó Prinz Albrecht Strasse é agus ní bhfuair a thuismitheoirí ná a leannán tásc ná tuairisc faoi go dtí an samhradh, agus ba ar bhealach indíreach Shasana a tháinig an scéal. B'amhlaidh a cuireadh Bonhoeffer go campa géibhinn Buchenwald, áit ar chaith sé cúpla mí ann in éineacht le Gearmánaigh chlúiteacha agus roinnt eachtrannach. Ina measc siúd bhí oifigeach faisnéise Sasanach, Payne Best, a scríobh tuairisc níos déanaí. Bhí Bonhoeffer ag feidhmiú mar thréadaí don ghrúpa seo, agus scríobh Payne Best gur "dhuine é den fhíorbheagán fear lenar bhuail mé a raibh a Dhia fíor agus gar dó de shíor". Ag tús mhí Aibreáin bhí siad le haistriú arís chuig campa géibhinn Flossenbürg, ach toisc go raibh an campa thar a bheith lán, coimeádadh i dteach scoile in Schönberg iad. Ar an Domhnach a bhí siad ansin d'iarr na príosúnaigh eile ar Dietrich seirbhís ghairid a stiúradh dóibh. Labhair sé ar véarsaí scrioptúir an lae sin: "Trína chréachta, cneasaítear sinn" (Is. 53:5) agus "Lena mhórthrócaire, d'aithghin sé sinn trí aiséirí

Íosa Críost ó mhairbh"(I Peadar 1:3). Díreach agus an tseirbhís á críochnú aige, thuairisc Payne Best gur tháinig beirt fhear a raibh drochdhealramh orthu isteach agus thug siad ordú: "Príosúnach Bonhoeffer, ullmhaigh le teacht linn". Ba léir do chách gurb é an chroch a bhí i gceist agus d'fhág na príosúnaigh eile slán le Dietrich, a dúirt le Best: "Domsa seo é tús an tsaoil".

Chinn Hitler ar 5 Aibreán, níos lú ná ceithre seachtaine sular chuir sé lámh ina bhás féin agus ag an am nuair ba léir go raibh buaite ar na Gearmánaigh sa Chogadh, agus d'ordaigh sé nach mairfeadh Dietrich Bonhoeffer agus Dohnanyi. Tógadh Dietrich go Flossenbürg ar an Domhnach sin, 8 Aibreán, agus in éineacht le daoine a bhí bainteach leis an scéim buama i 1944 (Canaris, Oster, agus daoine eile), cuireadh os comhair cúirte míleata iad agus daoradh chun báis iad. Ag breacadh an lae ar an Luan, crochadh Bonhoeffer. Thuairiscigh dochtúir an champa faoi, agus gan aon aithne aige air, go raibh sé ag guí go dúthrachtach ina chillín agus dúirt sé: "I mbeagnach leathchéad bliain ar oibrigh mé mar dhochtúir, is ar éigin a chonaic mé fear ar bith a d'éag agus é chomh géilliúil do thoil Dé".

Maraíodh Dohnanyi, a bhí an-bhreoite, in Sachsenhausen ar an lá céanna, agus cúpla lá níos déanaí shroich trúpaí Mheiriceá Flossenbürg agus saoradh an campa.

Oidhreacht Bonhoeffer

Nuair a shroich an scéal Sasana, d'eagraigh an tEaspag Bell seirbhís chuimhneacháin in Kingsway, Londain, seirbhís a craoladh ar BBC – rud neamhchoitianta ar fad ag an am (Iúil 1945).

Thagair an tEaspag d'éifeacht Bonhoeffer i leith an éacúiméineachais: "Is comhartha é a bhás, mar a bhí ina bheatha, d'fhíric fhíorluachmhar i bhfinnéacht na hEaglaise... Léiríonn sé frithbheart an anama a chreideann in ionsaí an oilc, agus freisin éirí amach mórálta agus polaitiúil an choinsiasa dhaonna in aghaidh éagóra is cruálachta. Tógadh eisean is a chomrádaithe ar bhunsraith na nAspal is na bhFáithe".

Lasmuigh dá chairde sa ghluaiseacht éacúiméineach i Sasana, sa tSualainn, agus i dtíortha eile, b'fhéidir nach raibh eolas forleathan lasmuigh dá thír dhúchais ar Dietrich Bonhoeffer roimh a bhás. Ach sna 1940í déanacha agus sna 1950í, foilsíodh lear leabhar dá chuid i nGearmáinis agus i mBéarla. Aithnítear anois é i measc diagairí móra Protastúnacha sa chéad leath den 20ú haois, mar Barth, Bultmann, agus Tillich.

Bhí a chuid diagachta Críost-lárnach, agus ina leabhar ar Eiticí deir sé: "Aon duine a fheiceann Íosa Críost, go deimhin feiceann sé Dia agus an domhan mar aonad. Feasta, ní fhéadann sé Dia a fheiceáil gan an domhan ná an domhan gan Dia". Sa tréimhse dheireanach dá shaol, dúirt sé: "Ní féidir linn choíche Dia a thuiscint mar idé, ach inár dteagmháil agus trínár dteagmháil le daoine eile inár saol ar domhan". Nuair a chuala sé i bpríosún gur theip ar "scéim an bhuama" chun Hitler a mharú i 1944, leag sé amach "Stáisiúin an Bhealaigh chun Saoirse", mar a leanas: "Féinsmacht", "Gníomh", "Fulaingt", "Bás". Thuig Bonhoeffer chomh luath le 1933 gurbh fhíor-dhrochdhuine é Hitler, agus an dainséir a bhí ann don Chríostaíocht agus don náisiún Gearmánach. Níorbh aon fhear troda ó nádúr é, ach lean sé air ag streachailt in aghaidh an Naitseachais trína bhriathra agus a scríbhinní.

Thug sé fianaise mar sin do bhunluachanna na Críostaíochta trína bheatha, agus sa deireadh trína bhás. Dar le hollamh le diagacht i Meiriceá, tá a fhianaise cuimsithe sa ráiteas: "Fuil na mairtíreach is í síol na hEaglaise í".

Dorothy Day

1897 – 1980

Trodaí in aghaidh na héagóra, síochánaí

"Má thugann tú d'arán don ocrach, agus a sháith don duine dearóil, éireoidh do sholas sa dorchadas" (Íseáia 58:10)

"Naomh" neamhdhóchúil

Tar éis bhás Dorothy Day i 1980, chuir an Cairdinéal O'Connor i Nua-Eabhrac ionadh ar roinnt Caitliceach lena fhógra don phreas go raibh sé ar intinn aige cás a canónaithe a thosú láithreach. Cad ina thaobh an t-ionadh?

Bean ba ea í a chaith saol corrach dúshlánach. Tógadh gan chreideamh í den chuid ba mhó; d'iompaigh sí ina Caitliceach agus í ina hógbhean. Bhí sí in aontíos le beirt fhear éagsúla ar a laghad. An chéad uair a fuarthas torrach í, fuair sí ginmhilleadh; an dara huair, saolaíodh iníon di agus baisteadh í. Sóisialaí ab ea í ar feadh a saoil agus Marxach ar feadh tamaill. Bean feachtais ar son ceart sibhialta ba ea í. Síochánaí, ach trodaí in aghaidh na héagóra; faoi amhras ag an FBI; d'fhulaing sí roinnt téarmaí príosúin. Bhí sí ina comhbhunaitheoir ar an *Catholic Worker* – nuachtán agus gluaiseacht charthannach. Spioradáltacht dhomhain aici, agus bhí sí ina hOblátach Beinidicteach.

B'in saol go leith!

Tús le saol radacach corrach

Saolaíodh Dorothy Day in 1897 in Brooklyn, Nua-Eabhrac de shliocht Albanach-Éireannach a bhí ina bPreispitéirigh. Bhí a hathair ina iriseoir a bhíodh ag díriú ar nuacht rásaí capall. Aindiachaí ó Tennessee a bhí ann, agus ba ó Nua-Eabhrac don mháthair a bhain leis an Eaglais Easpagóideach (Anglacánach) ach nach mbíodh ag cleachtadh. D'aistrigh an teaghlach go dtí Oakland, California ach d'imigh siad as sin tar éis creatha talún agus chuir siad fúthu in Chicago, áit a bhfuair Dorothy a cuid meánoideachais.

Nuair a bhí sí ocht mbliana d'aois, chaith sí tréimhse inar músclaíodh a suim i reiligiún. Cheadaigh a hathair di freastal ar sheirbhísí den Eaglais Easpagóideach ar feadh tamaill, agus baisteadh í agus fuair sí Cóineartú san eaglais sin. Thaitin amhránaíocht iomann agus Salm léi. Nuair a thosaigh sí ag freastal ar eaglaisí, áfach, ba é an tuiscint a fuair sí ar Dhia ná eagla níos mó ná lúcháir, ach pé scéal é de réir a chéile thréig a suim sa reiligiún í. In Chicago dóibh, bhí an chlann bocht ar feadh tréimhse mar bhí an t-athair dífhostaithe. Chuir Dorothy aithne ar chairde Caitliceacha den chéad uair ina saol, agus bhí cailín amháin díobh a bhíodh ag labhairt léi faoina creideamh. Ba bhreá le Dorothy an teagasc faoi aingil, faoi naoimh, agus faoi Mhuire. Thaitin léitheoireacht faoi na naoimh léi. Ach faoin am a raibh sí sé bliana déag, seachas suim a bheith aici sa reiligiún chloígh sí le hidé na radacach sóisialach agus polaitiúil, agus luigh sí isteach ar staidéar.

Scoláire maith a bhí inti agus ghnóthaigh sí scoláireacht chuig Ollscoil Illinois in Urbana, áit a ndearna sí cúrsa litríochta. Rinne sí staidéar ar scríbhneoirí Meiriceánacha is Eorpacha, ina measc údair Rúiseacha mar Tolstoy. Ghlac Day leis an tuairim nach raibh sa Chríostaíocht ach fimíneacht, agus tháinig sí diaidh ar ndiaidh faoi thionchar smaointe maidir le cóir shóisialta agus feabhsú an domhain i dtreo is gurbh fhéidir cabhrú leis na bochtáin. Thosaigh sí ag scríobh do nuachtáin chumannacha faoi stailceanna cíosa agus faoin ngluaiseacht síochána. Nuair nach raibh sí ach sa chéad bhliain ollscoile i 1914, ghlac sí ballraíocht sa Pháirtí Sóisialach. Níor lean sí rófhada ansin, ach ghlac sí chuici féin smaointe radacacha – "ní hamháin a bheith ag friotháil ar na sclábhaithe, ach deireadh a chur le sclábhaíocht". Níor chaith Dorothy ach dhá bhliain san ollscoil agus bheartaigh sí ar a beatha a thuilleamh mar iriseoir agus mar scríbhneoir.

Ar aghaidh léi go Nua-Eabhrac, áit a bhfuair sí post mar thuairisceoir leis an nuachtán laethúil sóisialach *The Call*. Fuair sí carta ballraíochta ón *Industrial Workers of the World*, grúpa radacach a bhí ag tnúth le scrios ar an gcóras caipitleach. Fuair Day árasán ar an Lower East Side, ceantar plódaithe le hinimircigh; i measc alt a scríobh sí bhí ailt le Leon Trotsky. I 1917 bhí sí i measc slua in Madison Square Garden ag ceiliúradh Réabhlóid na Rúise. Ghlac sí le cuireadh dul ag agóid le sufraigéidí in Washington; ghabh na póilíní í as iarracht a dhéanamh ar phicéadú taobh amuigh den Teach Bán agus d'fhulaing sí a céad téarma príosúnachta ar feadh 30 lá.

Ar ais i Nua-Eabhrac di, bhí Dorothy istigh i gciorcal Bóihéamach agus idir dhá gheimhreadh 1917-1918 bhí sí ina dlúth-chompánach ag Eugene O'Neill. Ach chuir cara eile léi lámh ina bhás féin agus scar sí leis an ngrúpa sin agus chuaigh sí i gceann an tsaoil as an nua. Thosaigh sí ag oiliúint mar bhanaltra in ospidéal in Brooklyn. An chéad eachtra eile a tharla di ná gurr thit sí i ngrá le fear, scríbhneoir a bhí i bhfad níos sine ná í; nuair a fuair sí amach ar ball go raibh sí torrach, roghnaigh sí ginmhilleadh. Bhí Dorothy 21 bliain d'aois ag an am agus smaoinigh sí ar fhéinmharú. Bhí sí uaigneach cráite agus bhrostaigh sí isteach i bpósadh neamhbhuan nár mhair ach bliain; bhí an fear mísheasamhach agus bhí ochtar ban eile aige ina diaidh! Ghabh Day trí thréimhse achrannach ina dhiaidh sin – thaistil sí san Eoraip agus i Meiriceá, mhair sí tamall in Chicago mar ar oibrigh sí don *Liberator*, iris Chumannach, agus gabhadh den dara huair í. I 1924 scríobh sí úrscéal dírbheathaisnéiseach *The Eleventh Virgin*, leabhar nach raibh aon mheas aici air ach a thuill go leor airgid di i dtreo is go raibh sí in ann bungaló beag a cheannach ar Staten Island, Nua-Eabhrac, i measc grúpa ealaíontóirí is radacach.

Bhuail Dorothy ansin le Forster Batterham, fear de shliocht Sasanach, bitheolaí ó ghairm, agus aindiachaí is ainrialaí. Thit siad i ngrá agus bhog siad isteach le chéile. Ní raibh siad rófhada lena chéile go bhfuair sí amach go raibh sí ag iompar clainne arís agus bhí sí buíoch de Dhia. A mhalairt de thuairim a bhí ag Forster nár mhian leis pósadh eaglasta ná stáit. Thrácht sí ar na blianta sin ina dírbheathaisnéis *The Long Loneliness* tráth a bhí sí ag lorg sóláis i ngníomhaíocht pholaitiúil. Ach ag an am céanna bhí Day tar éis tosú ar léamh an Bhíobla athuair, agus ní hamháin sin, ach ag cur suime sa Chaitliceachas – rud a chas a cairde liobrárlacha ina coinne.

Iompú ina Caitliceach agus tionchar Peter Maurin

Saolaíodh iníon di i 1926 agus thug sí Tamar Teresa uirthi; bhí Hennessy mar shloinne uirthi – de réir an phósta ghearrthréimhse a bhí ag Dorothy, cé gur lean sí féin ag úsáid an tsloinne "Day" ar feadh a saoil. Ghlac Dorothy le breith a linbh mar chomhartha de mhaithiúnas Dé. Theastaigh uaithi a hiníon a chosaint ó choraí crua an tsaoil a bhí aici féin agus bhí fonn mór uirthi Tamar a bhaisteadh. Fuair sí amach, áfach, nach gceadófaí sin mura mbeadh duine ann chun í a thógáil sa chreideamh Caitliceach. Bhuail Dorothy le bean rialta, an tSr. Aloysius, a chabhraigh léi agus baisteadh Tamar. Thuig a páirtí, Forster, go raibh sí ag druidim chun na hEaglaise Caitlicí agus ní raibh sé sásta baint ná páirt a bheith aige lena leithéid de ghníomh ná le Dorothy dá ndéanfadh sí a leithéid de bheart. Bhí a hathair féin tar éis a rá léi le linn a hóige nach raibh sa Chaitliceachas ach "eaglais do phóilíní Éireannacha agus do chailíní aimsire!"

Thuig Dorothy na dea-thréithe a chonaic sí i dteaghlaigh ag freastal ar Aifreann. Bhí uirthi rogha a dhéanamh idir Dia agus an fear dár thug sí grá agus roghnaigh sí Dia. Glacadh isteach san Eaglais Chaitliceach í i 1927. Lean cúig bliana uaigneacha deacra di nuair a bhí uirthi a leanbh a chothú le hioncam a thuill sí mar shaoririseoir. I rith na mblianta sin san "fhásach", bhí sí ag guí go n-aimseodh sí bealach réitigh idir a creideamh agus a dílseacht don chóir shóisialta a bhí bunaithe ar phrionsabail Mharxacha.

Bhí "Máirseáil Ocrais" go Washington ag lucht dífhostaithe i 1932, a d'eagraigh Cumannaigh – seanchairde le Day. Chuaigh sí ann chun tuairisciú a dhéanamh, agus ba í uair na cinniúna ina saol í. Tar éis di a bheith ag breathnú ar shlua d'fhir ghioblacha ag a raibh idéal an chirt, fuair sí inspioráid dul go dtí an *National Shrine of the Immaculate Conception* agus paidir a rá go bhfeicfeadh sí bealach chun a cuid talann a úsáid ar mhaithe lena comhoibritheoirí agus leis na bochtáin. Bhí díomá uirthi narbh í an Eaglais Chaitliceach a d'eagraigh an léirsiú in Washington.

Ag filleadh ar Nua-Eabhrac do Day, fuair sí fear ag fanacht uirthi, Peter Maurin – fear beag giobach, agus ar ball thuig sí go raibh freagra a guí san fhís a bhí ag an bhfear sin. Francach a bhí i Maurin a saolaíodh mar dhuine de 23 clainne a rugadh do lánúin tuathánach i réigiún Languedoc i ndeisceart na tíre. Fuair sé oideachas maith Caitliceach. Agus é ina ógfhear d'ardaigh sé a sheolta agus chuaigh sé ar eisimirce go Ceanada. Theip ar iarracht feirmeoireachta aige ansin, thrasnaigh sé teorainn na Stát Aontaithe go mídhleathach agus chaith fiche bliain ag taisteal agus ag déanamh obair chrua láimhe. Le haon airgead a bhíodh le sparáil aige, cheannaíodh sé leabhair, agus dhéanadh staidéar ar fhealsúnacht shóisialta Chaitliceach. Ní raibh meas madra aige ar an gcaipitleachas agus ní raibh puinn muiníne aige as an Marxachas ach a oiread. Theastaigh sochaí nua uaidh agus scríobh sé faoina fhealsúnacht in aistí agus i véarsaí. I measc a chuid eiseamláirí bhí manaigh Éireannacha na Meánaoiseanna. Ba í an fhadhb ba mhó, dar le Maurin, ná go raibh socheolaíocht, eacnamaíocht, agus polaitíocht, go léir scartha ón Soiscéal. Cheap sé go raibh a fhios aige go cruinn cad a bhí le déanamh ach ní raibh aon chumas ann smaointe teibí a chur i ngníomh ar scála níos mó ná é féin.

Ba é eagarthóir na hirise *Commonweal* a thug ainm Dorothy Day do Maurin, le moladh go raibh smaointe a bhí cosúil lena chéile ag an mbeirt. B'fhíor sin de mhéid áirithe ach bhí difríochtaí nach beag eatarthu – bhí Peter scór blianta níos sine ná Dorothy agus ba ó chultúr eile é; bhí sise, ar nós Meiriceánach, ar bís chun torthaí praicticiúla a fheiceáil agus bhí sí tugtha d'eagrais mar cheardchumainn. Bhí seisean ag iarraidh síolteagasc a thabhairt di faoina léamh ar stair, fad is a bhí sise ag scríobh faoi stailceanna, faoi dhífhostaíocht, agus faoi dheighilt sa tsochaí. D'fhan Day agus Maurin mar dhlúth-chompánaigh agus mar chomhoibritheoirí ar feadh 17 mbliana go bhfuair seisean bás i 1949.

Ós rud é gur de chúlra na tuaithe do Maurin, bhí an-suim aige sa talmhaíocht i gcónaí. Ceann dá chuid pleananna ídéalacha ná "agronomic universities". Dar leis gur chóir dúinn an saghas sochaí a chruthú ina bhfuil sé "níos fusa do dhaoine a bheith go maith". Rinne sé aithris ar Phroinsias Assisi ar roinnt bealaí – ba chuma leis cad a chaithfeadh sé, ní raibh dúil aige i mbia, fear fíorumhal a bhí ann, fear síochána. Roimh dheireadh a shaoil, fuair sé stróc agus chaith sé cúig bliana breoite. Fear fáidhiúil a bhí in Peter Maurin agus scríobh Day ina thaobh go mbraithfeá fonn misin air chomh luath is a bhuailfeá leis.

An *Catholic Worker*

Ceann de na moltaí a ghlac Dorothy ó Peter ná nuachtán a bhunú ina mbeadh léirmheas ar an gcóras sóisialta ó dhearcadh radacach na Soiscéalta. Dar ndóigh, bhí iriseoireacht mar chúlra aici – ach ón tús bhí easaontas eatarthu mar bhí dhá dhearcadh chontrártha acu – eisean ag iarraidh an nuachtán a líonadh lena chuid aistí fealsúnachta féin agus ise ag scríobh ar shlí phraiticiúil a léireodh dlúthpháirtíocht le hoibrithe agus iad ag streachailt le sochaí éagothrom. Fuair Dorothy amach gurbh fhéidir 2500 cóip de nuachtán ocht leathnach thablóideacha a fháil ar $25 ón Paulist Press agus ar aghaidh léi le cabhair dhá sheic bheaga a fuair sí tar éis ailt a scríobh. Seoladh an *Catholic Worker* Lá Bealtaine 1933 ar phraghas aon cheint an chóip agus scaipeadh an chéad eagrán ag slógadh cumannach. D'éirigh go hiontach leis an nuachtán ón tús – laistigh de dhá bhliain, bhí an díolachán méadaithe go 150,000 cóip. Bhí cléircholáistí agus eaglaisí timpeall na tíre ag ordú beart. I Nua-Eabhrac bhí daoine ag díol cóipeanna ar na sráideanna. Agus bhí sin go léir á eagrú ó sheansiopa san fhoirgneamh ina raibh árasán ag Dorothy.

Tar éis cúpla bliain, áfach, d'athraigh cúrsaí ina coinne le tús Chogadh Cathartha na Spáinne i 1936. Chomh maith le cás na mbochtán, bhí cloch mhór eile ar a paidrín ag Day – síochánachas. I súile fhormhór na gCaitliceach, i Meiriceá agus in Éirinn, ba "Chogadh Naofa" in aghaidh an Chumannachais iarracht Franco. Bhí geall le gach nuachtán Caitliceach sna Stáit Aontaithe ar son an Ghinearáil Franco. Ghlac Dorothy seasamh neodrach i leith an chogaidh. Bhí sin bunaithe ar a dearbhthuairim go raibh Íosa Críost tagtha chun sainmhíniú radacach ar ghrá a thabhairt dúinn: "Is é seo m'aithne: 'sibh a thabhairt grá dá chéile faoi mar a thug mé grá daoibh' (Eoin 15: 12)". Ní raibh lucht léite an nuachtáin réidh don teachtaireacht sin; cuireadh ordaithe ar ceal agus thit an díolachán de 100,000 cóip!

Lean Dorothy uirthi agus bhí sí ag stiúradh an nuachtáin (le heagarthóirí éagsúla – iad go léir ag obair gan phá) ar feadh nach mór leathchéad bliain go lá a báis. I rith an Dara Cogadh Domhanda bhí sí in aghaidh an fhaisisteachais agus i gcoinne frith-Ghiúdachais a bhí forleathan ag an am i Meiriceá. Bhí sí go láidir in aghaidh Chogadh Vítneam ón tús, rud a chothaigh easaontas mór idir í féin agus an Cairdinéal Spellman, Ard-Easpag Nua-Eabhrac.

Ach bhí tionchar forleathan ag a nuachtán agus ní ina tír dhúchais amháin. Scríobh an tAthair Niall O'Brien S.S.C. ina leabhar *Revolution from the Heart* : "Ever since I left the seminary, I had been getting the 'Catholic Worker', a most unusual newspaper published by an unusual woman, Dorothy Day. Dorothy had been a communist in the [19]20s, and when she became a devout Christian, she did not lose her passion for social justice but brought it with her. Not an easy thing in the days when an interest in social justice was suspect in her newfound Catholic Church. She also espoused non-violence – equally suspect from both Left and Right. I liked Day's spirituality and theology. She said it was the personalism of Emmanuel Mounier, a French Christian philosopher, that had inspired her – but what was clear was her commitment to justice, her respect for tradition, her dedication to non-violence. In a way a strange combination. The three positions were rarely found in one bed, but it was a bed I was comfortable in. The *Worker* helped to form my attitudes."

Catholic Worker Movement agus Gníomhaíocht na Trócaire

Cheap Day agus Maurin araon nár leor scríobh ná caint, agus go raibh gá le beart de réir briathair. Scríobh Peter chuig na heaspaig go léir sna Stáit Aontaithe ag moladh go mbunófaí Tithe Aíochta (*Houses of Hospitality*) do na boicht i ngach deoise, agus luaigh sé sampla na seanmhainistreacha Éireannacha. Faraor, cosúil lena lán dá scéimeanna ídéalacha, obair in aisce a bhí ina achainí. Ach ós rud é gur tugadh poiblíocht dá mholadh sa nuachtán *Catholic Worker*, thosaigh fir is mná gan dídean ag teacht chuig a oifig ag lorg eolais faoi na tithe sin. Lena nós siúd faoi ghníomhú láithreach, amach le Dorothy go bhfuair sí árasán dóibh. Aimsir an Spealta Mhóir a bhí ann agus bhí an-éileamh ar a leithéid. Sula i bhfad bhí gá lena thuilleadh árasán, agus i 1934 bhunaigh siad an chéad tearmann i bhfoirgneamh ar leith ar ar thug siad *St. Joseph's House of Hospitality*.

Bhíodh caife agus anraith ar fáil i rith an lae d'éinne a thiocfadh á n-iarraidh. Faoin mbliain 1936 bhíodh na céadta i scuaine ag an doras gach aon lá. De réir a chéile, bunaíodh a thuilleadh tithe tearmainn mar sin, breis is 30 díobh laistigh de 10 mbliana. De réir dhearcadh Maurin, bunaíodh feirmeacha do na bochtáin freisin. Aithníodh gur ghluaiseacht, agus ní nuachtán amháin, a bheadh sa *Catholic Worker* feasta. Bhí gach teach neamhspleách lena chóras riaracháin féin, cé go raibh nasc acu le ceanncheathrú na gluaiseachta i Nua-Eabhrac. I measc bunchleachtas, áfach, bhí gráin acu ar rialacháin agus caoinfhulaingt acu do dhaoine ó gach uile chúlra. Mar thoradh air sin, bhíodh meascán mearaí de charachtair a dúradh a d'fhéadfadh teacht ó úrscéal de chuid Dostoevsky – oilithrigh, scoláirí, óg is sean, "amadáin" naofa, oibrithe, scraistí. Ba é bun agus barr na gcomhluadar sin go bhfuilimid go léir aontaithe i gCríost, "inár mbaill dá chéile".

Chaith Dorothy mórán dá cuid ama ag taisteal na tíre, ag tabhairt cuairte ar na tithe, ag caint, agus ag tuairisciú ar chíréibeanna a d'eascair as an Spealadh Mór – ó stailceanna i measc oibritheoirí gluaisteáin in Detroit go spailpíní sna goirt (torthaí, finniúna, agus araile) in California. Léirigh an *Catholic Worker* sainmhíniú úr ar ról na dtuataí san Eaglais, agus thug léargas breise ar cheisteanna Caitliceacha lasmuigh de chúramaí paróiste. Dar le Dorothy gur bhain an coinsias Críostaí le Críost i lárionad an eispéiris dhaonna agus ní ar an imeall. Leathnaigh an ghluaiseacht níos mó nó go raibh thart ar 120 grúpa ar domhan. I 2002 bunaíodh craobh de Oibritheoirí Caitliceacha Bhaile Átha Cliath, agus i measc na mball tá cúigear a bhí os comhair cúirte de bharr a n-agóide i gcoinne chogadh Mheiriceá san Iaráic agus úsáid Aerphort na Sionainne ag Arm Mheiriceá.

Tá Day luaite i leabhar faoin teideal *Treasury of Women Saints* le Ronda De Sola Chervin, a foilsíodh i 1991, áit a scríobhtar: "Tá tionchar an *Catholic Worker Movement* tar éis leathnú i bhfad níos fairsinge ná an bhallraíocht, mar tá sé fós ag spreagadh cásanna córa sóisialta Caitliceacha inniu. Léiríonn saol Dorothy Day go bhfuil sé indéanta oibreacha pearsanta na trócaire, mar na *soup kitchens* de chuid an *Catholic Worker*, a nascadh le hagóid in aghaidh coinníollacha sóisialta éagóracha". I measc na n-eagras ar thug sí inspioráid dóibh tá Clann Shíomóin, áit a luaitear í mar shaghas naoimh. Ach ba é a freagra ar a leithéid sin de mholadh ná: "Ná tabhair naomh ormsa, *I don't want to be dismissed so easily!*"

Saothraí Gníomhach ar son na Síochána

Ba í tuiscint Day ar an tSeanmóir ar an Sliabh ná tiomantas neamhghéilliúil don neamhfhoréigean. Bhí a fianaise i leith síochánachais préamhaithe ina saol i measc na mbochtán agus cothaithe lena dílseacht don liotúirge agus don urnaí. Ba dhiamhair an cumas a bhí inti réiteach idir dearcadh radacach sóisialta agus cráifeacht thraidisiúnta.

Ach níorbh aon bhac di a dúil sa síochánachas agus seasamh láidir a ghlacadh ar a son siúd a bhí faoi leatrom. Thacaigh sí le Cesar Chavez a bhí ag iarraidh ceardchumann, *United Farm Workers*, a bhunú i measc spailpíní in California. Ní le teaspach na hóige amháin a bhíodh sí gníomhach mar sin, mar bhí sí ar phicéid eile in California as a cuireadh téarma príosúnachta uirthi nuair a bhí sí 76 bliain d'aois.

Chuir Dorothy in aghaidh arm núicléach. Rinneadh bagairt uirthi, ach níor cuir a leithéid as di. Ba bhreá léi an ráiteas ón Soiscéal: "Níl seirbhíseach ar bith níos mó ná a mháistir". Sna 1950í, cuireadh cleachtadh *Cosaint Shibhialta* i bhfeidhm go héigeantach i Nua-Eabhrac. Ní raibh Dorothy toilteanach a bheith páirteach in aon chleachtadh mar sin. "Bearta cogaidh" a thug sí orthu. Tugadh os comhair cúirte níos mó ná uair amháin í agus fuair sí téarmaí príosúin 5 nó 30 lá. Cuireadh deireadh leis na cleachtaí cosanta sibhialta tar éis 1961 nuair a tháinig na mílte síochánaithe ag agóid chuig Páirc Halla na Cathrach.

Scríobh sí ailt in irisí éagsúla faoina taithí ar shaol an phríosúin. I 1957 scríobh sí nach raibh súil aici, ag teacht amach ó phríosún di, go mothódh sí chomh traochta – ina hintinn, go fisiciúil, is go spioradálta. Ach dúirt sí go mairimid i ndomhan a bhfuil fadhbanna ag gach éinne ann, go bhfuil an domhan inniu beagnach níos measa ná príosún. Ina cuid scríbhinní, áfach, léirigh Dorothy na droch-choinníollacha inar coimeádadh a lán de na cailíní a bhí mar chompánaigh aici – andúiligh drugaí ar tugadh "*cold turkey cure*" dóibh, striapaigh ar caitheadh maslaí leo, agus araile.

Nuair a tharla réabhlóid i gCúba agus nuair a tháinig Fidel Castro i gcumhacht, léirigh an *Catholic Worker* comhbhá leis. Chothaigh sin ionadh agus fearg i measc chairde na gluaiseachta, agus i measc a naimhde – nár Chumannaigh aindiacha rialtóirí nua Chúba? Nach raibh sealúchas Caitliceach gafa go forleathan acu? Nach trí lámh láidir a tháinig siad i gcumhacht? Rinne Dorothy iarracht i 1961 ar fhreagraí a thabhairt ar a leithéidí de cheisteanna. Ba í an bhunfhadhbh, dar léi, gur theip ar Chríostaithe maireachtáil de réir a gcreideamh, nach raibh tart chun na córa orthu. Cad faoi na heaglaisigh a bhíodh ag séanadh Chríost ina chuid bocht? Tháinig a tuairimí roimh an athrú coinsiasa san Eaglais i Meiriceá Laidineach, as ar eascair tacaíocht chliarlathas Nicaragua do réabhlóid Sandanista, mairtíreacht an Ard-Easpaig Romero, agus ráiteas na nEaspag i 1979 faoi "rogha fhabhrach ar son na mbocht". Thug Day cuairt ar Chúba i Meán

Fómhair 1962, labhair sí le sagairt agus mná rialta ann, agus mar sin, bhí sí in ann scríobh le heolas pearsanta, agus comparáid a dhéanamh idir Cúba agus Meicsiceo.

Ar ais sna Stáit Aontaithe, thug sí cuairt ar Virginia i 1963, agus tugadh cuireadh di labhairt ag cruinniú mór in eaglais bhaisteach. Bhí amhras uirthi roimh ré cad a déarfadh sí, ach bheartaigh sí ar labhairt ar *Pacem in Terris*, imlitir an Phápa Eoin XXIII. Dhá bhliain ina dhiaidh sin, bhí sí i measc grúpa ban a thaistil don Róimh do sheisiún deireanach Dhara Comhairle na Vatacáine. Bhí troscadh á dhéanamh acu le súil go n-eiseodh an Chomhairle ráiteas ag cáineadh modhanna nua-aimseartha cogaidh; mhair an troscadh deich lá. Bhí an-áthas ar Dorothy nuair a foilsíodh bunreacht *Gaudium et Spes* i mí na Nollag. Tá ráitis láidre ann faoi chothú na córa agus cáineadh neamhbhalbh ar ghníomh cogaidh dírithe ar dhíothú cathracha maraon lena n-áitritheoirí.

Idir a scríbhinní conspóideacha agus cuid dá cairde (na deartháireacha Berrigan, mar shampla), ní nach ionadh gur tharraing Dorothy droch-amhras ón Oifig Fheidearálach Fiosrúcháin uirthi féin. Rinne an Oifig fiosrúchán fúithi níos mó ná uair amhán maidir le treascairt. De réir tuairisce, labhair J. Edgar Hoover, ceannaire na hOifige, leis an Ard-Aighne faoina cúisiú ar an gcúis sin ach níor tharla a leithéid. Ach cuireadh a hainm ar liosta de radacaigh dhainséaracha ba chóir a ghabháil dá dtarlódh géirchéim náisiúnta! Fear darb ainm Robert Ellsberg, a chaith cúig bliana ag obair don *Catholic Worker* agus a chuir scríbhinní Dorothy in eagar níos déanaí, chuir sé fios faoin Acht um Shaoráil Faisnéise ar an gcomhad uirthi ón FBI agus fuair sé é. Ba é an breithiúnas a chum J. Edgar Hoover uirthi ná: "Dorothy Day is a very erratic and irresponsible person who makes every effort to castigate the Bureau whenever she feels inclined". Thaispeáin Ellsberg é sin di, agus dúirt sí: "That's marvellous. Read it again!"

A Pearsantacht, a Scríbhinní, agus a Spioradáltacht

Bhí Dorothy an-tugtha do litríocht agus ba scéalaí maith í féin. Nuair a bhuailfeadh sí le duine, ba mhinic an cheist á cur aici: "cén t-úrscéal le Dostoevsky is fearr leat?" Bhí suim aici i gceol clasaiceach, ceoldrámaí, bláthanna agus gach saghas áilleachta. Ba bhreá léi ráiteas ó Dostoevsky: "Sabhálfar an domhan trí áilleacht". Dar le Robert Ellsberg go raibh féith ghrinn láidir inti. Dúirt seisean i leabhar dar teideal *The Saint's Guide to Happiness* (2003): "Beathaí traidisiúnta na naomh, cuirtear an bhéim iontu ar ghnéithe neamhshaolta agus míorúilteacha dá saol". Ba é tuairim Dorothy air sin ná: "ní haon ionadh nach dteastaíonn ó aon duine a bheith ina naomh!"

Lean Dorothy ag scríobh thar thréimhse leathchéad bliain. Bhí mórán alt uaithi sa *Catholic Worker* agus in irisí eile. Tháinig breis is sé leabhar uaithi, ina measc:

- *From Union Square to Rome* (1938) – tuairisc ar a hiompú ina Chaitliceach;
- *House of Hospitality* (1939) – cur síos ar bhlianta tosaigh an *Catholic Worker*;
- *On Pilgrimage* (1948) – cín lae bliana;
- *The Long Loneliness* (1952) – dírbheathaisnéis;
- *Therese* (1960) – beatha Naomh Thérése de Lisieux;
- *Loaves and Fishes* (1963) – cuntas níos iomláine ar ghluaiseacht an *Catholic Worker*.

Sa scór blianta deireanacha dá saol, leathnaigh a cuid taisteal i bhfad i gcéin – soir agus ó dheas – ó Mhoscó go dtí an Tansáin. San India di, thug sí cuairt ar an Máthair Treasa in Calcutta chomh maith le mionionad tionscail de réir smaointe Gandhi. I measc a laochra bhí daoine mar Gandhi agus Martin Luther King i dteannta le naoimh chanónaithe mar Phroinsias Assisi agus Teresa ó Avila. Fuair Dorothy tacaíocht ó theagasc San Thérése de Lisieux faoi ghrá i measc comhluadair agus rinne sí iarracht é sin a leanúint sna *Houses of Hospitality*.

Bhí a cuid spioradáltachta bunaithe ar iarracht bualadh le Críost ina saol laethúil. Thar aon ní eile, ba bhean paidreoireachta í. D'éiríodh sí ag breacadh an lae go rialta chun Urnaí na Maidne a rá agus machnamh a dhéanamh ar na Scrioptúir; bhíodh sí ag freastal ar Aifreann laethúil chomh minic agus ab fhéidir. Ba mhór aici na Sailm – "canaigí amhrán nua don Tiarna".

I ndeireadh a saoil, chaith sí formhór a cuid ama ina seomra in *Maryhouse*, oispís do mhná gan dídean a bhunaigh lucht an *Catholic Worker*. Dúirt sí: "is é mo ghnó anois ná a bheith ag guí". Nuair a scríobhadh ailt mholta fúithi in irisí mar *Life*, *Newsweek*, *Time*, níor ghlac sí leis go raibh aitheantas forleathan á fháil ag a cuid prionsabal, ach a mhalairt – "an iomarca molta, cuireann sé ina luí ort go gcaithfidh sé go bhfuil rud an-mhícheart á dhéanamh agat".

Fuair sí taom croí agus 79 bliain slánaithe aici, ach mhair sí ceithre bliana eile. Cuireadh i gcónra shimplí í in uaigh suite i móinéar cois farraige ar Oileán Staten, san áit a raibh cónaí uirthi nuair a rugadh a hiníon.

Maireann a cáil

Ar ócáid a báis i 1980, scríobh staraí David O'Brien san iris *Commonweal* gurbh í Dorothy Day "the most significant, interesting, and influential person in the history of American Catholicism". Tá sliocht moltach fúithi agus faoi an ghluaiseacht *Catholic Worker* i leabhar dar teideal *A Concise History of the Catholic Church* le Thomas Bokenkotter. Thart ar an mbliain 2005 foilsíodh ailt fúithi i bhfoilseacháin chomh héagsúil óna chéile leis an *Irish Times* agus an *Timire*.

Is léir gur threabh sí iomaire úr a thugann dúshlán is inspioráid do shaol ár linne.

Máirtín Liútar Cing

1929 – 1968

Tréadaí, Aspal an Neamhfhoréigin, Laoch an chine ghoirm

"Labhair Peadar.... agus dúirt:
'Go deimhin féin, feicim nach ndearcann
Dia ar phearsa daoine thar a chéile" (Gníomh. 10:34)

“Oilithreacht” i rith na gCluichí Oilimpeacha

Thug mé mo chéad turas trasna an Atlantaigh i samhradh na bliana 1996 chun freastal ar Chluichí Oilimpeacha an Chéid in Atlanta, Georgia. Sula ndeachaigh mé ann ní raibh puinn eolais agam faoin gcathair sin ach amháin dhá mhír. Sa chéad áit, dódh cuid mhaith den chathair go talamh in 1865 le linn an Chogaidh Chathartha sna Stáit Aontaithe (eachtra atá mar chuid de scéal *Gone With the Wind*). Sa dara háit, b’as Atlanta duine de phearsana móra an 20ú haois – Máirtín Liútar Cing.

An lá tar éis dár ngrúpa ó Éirinn an chathair a shroicheadh, bhí lá saor againn sular thosaigh na comórtais lúthchleasaíochta a raibh ticéid againn dóibh. Isteach linn go lár na cathrach (turas 15 mhíle ónár n-óstán) agus chuaigh ceathrar dínn ag breathnú ar chúpla siopa agus ar thuras treoraithe ar Lárionad CNN. Ansin d’éirigh liom tathant ar an triúr eile teacht chuig ceantar Auburn mar a bhfuil Suíomh Stairiúil Mháirtín Liútair Cing. San áit sin tá an teach inar rugadh é – teach a bhfuil 12 sheomra ann. Ní raibh an teaghlach bocht. Bhí Auburn ar cheann de na ceantair ab fhearr do dhaoine gorma sa chathair. Bhí a athair, a raibh an t-ainm Máirtín Liútar Cing air freisin, ina thréadaí sinsearach in Eaglais Bhaisteach Ebenezer ar feadh breis is dhá scór bliain.

Thugamar cuairt ar Eaglais Ebenezer ina raibh Máirtín Óg Cing ina chomhthréadaí idir 1960 agus 1968. Chuir seandeochain fáilte romhainn aguus taispeánadh fístéip ghairid de bheatha an laoich áitiúil. Lasmuigh den eaglais ar phlás beag deas agus i lar locháin, tá tuama Ching, agus os a chomhair sin amach an *Martin Luther King Memorial Centre for Non-Violent Social Change*. Ní raibh am againn ná fuinneamh ionainn cuairt a thabhairt air sin, ach rith sé liom gur thrua nach raibh a leithéid i dTuaisceart Éireann, go háirithe ag an am sin roimh shos lámhaigh agus Chomhaontú 1998 (ach féach caibidil faoi Ray Davey agus faoi Choraidh Mheallach). Tá mana ag pobal Eaglais Ebenezer: “Where the dream began, where the dream expands” (ag tagairt, dar ndóigh, don óráid cháiliúil ó Ching: “tá aisling agam”), agus tá bileog ar fáil ann le heolas ar obair shóisialta na heaglaise agus á fógairt go saorann Críost sinn ó chiníochas, ó aineolas, ó fhoréigean. Tús iontach ar mo sheal in Atlanta!

A Mhuintir agus a chuid Oideachais

B'fháidh é Máirtín "Óg" Liútar Cing sa chiall bhíobalta is fírinní. D'fhógair sé ceart agus trócaire Dé, dá ghlúin agus d'fhan dílis dá mhisean fiú go tabhairt uaidh a bheatha. Bhí sé ar dhuine den fhíorbheagán ceannairí sa domhan thiar a gcuimhnítear orthu as cumhacht a reitrice. Ar nós Winston Churchill ("never was so much owed by so many to so few"), maireann i gcuimhne na ndaoine óráid chumhachtach Ching a tugadh in Washington i 1963: "tá aisling agam".

Rugadh an 15 Eanáir 1929 é in aimsir an Speallta Mhóir. Múinteoir scoile roimh phósadh di ba ea an mháthair. Rugadh an t-athair ar fheirm i lár Georgia agus thug sé suntas don chodarsnacht ollmhór idir caighdeán beatha a mhuintire féin agus caighdeán beatha na ndaoine geala, agus an chos ar bolg a d'imrítí ar na daoine gorma. Ag aois 15 shiúil sé go hAtlanta agus é mar aidhm aige bochtanas agus uirísliú a chur laistiar de. Bhí sé suite de gurbh ionann é agus fear ar bith den chine geal agus bhí rún aige é sin a chruthú.

Tar éis roinnt post a bheith aige, bheartaigh Cing a bheith ina sheanmóirí. Chonacthas dó go raibh na seanmóirithe sna heaglaisí Baisteacha ina gceannairí ag a mhuintir. I 1926 chuaigh sé go Coláiste Morehouse áit a ndearna sé staidéir do bhunchéim sa diagacht. Níos déanaí, fuair sé céim dochtúra i gColáiste Morris Brown in Atlanta. Fad is a bhí Cing i gColáiste Morehouse, bhuail sé le hAlberta, iníon le hAdam David Williams a bhí ina thréadaí in Eaglais Bhaisteach Ebenezer, agus phós siad. Mike King a bhí ar an bhfear sin óna óige ach d'athraigh sé go Martin Luther King é, agus i 1931 tháinig sé i gcomharbas ar Williams mar thréadaí. Baisteadh Michael Luther ar an gcéad mhac a rugadh i 1929 ach ag aois a sé athraíodh a chéad ainm go Martin.

Bhíodh Máirtín Óg ag súgradh le beirt bhuachaillí geala, a raibh siopa ag a n-athair in aice le teach Ching, go dtí gur cuireadh cosc orthu súgradh leis a thuilleadh. Bhí sé cliste ar scoil agus go maith ag cluichí. Bhíodh sé ag dul in aghaidh thoil a athar go minic, agud d'fhaigheadh sé léasadh dá bharr. A sheanmháthair a bhíodh mar shólásaí aige go bhfuair sí bás i 1941. Buachaill ceisteach a bhí ann agus ag aois a 13, bhí sé de dhánacht aige Aiséirí Íosa a shéanadh ag Scoil Domhnaigh. Nuair a bhí sé in am aige dul go Coláiste Morehouse, ní raibh ministreacht Bhaisteach ar intinn aige ar chor ar bith mar bhí sé bréan den chráifeacht shimplí mhaoithneach a chleachtaí in eaglaisí Baisteacha an deiscirt.

Ach bhí tionchar mór ag Uachtarán an Choláiste, Benjamin Mays, ar Mháirtín Óg. Dearcadh nua-aimseartha "liobrálach" a bhí ag Mays ar theastaigh uaidh mic léinn diagachta a oiliúint chun dul i ngleic le mícheart sóisialta agus leithcheal sa tsochaí mar fhreagra ar Shoiscéal Chríost. Bhí sé sásta an fhimíneacht, a bhain leis an saghas Críostaíochta a bhí ag na sainchreidimh i measc an chine ghil, a nochtadh. Faoina thionchar sin bhraith Cing go mbeadh ministreacht Chríostaí sásúil, agus ag aois 17 mbliana chinn sé ar bheith ina thréadaí Baisteach – cinneadh a mbeadh torthaí tromchúiseacha ann dá bharr. Ornaíodh i 1947 é agus ceapadh ina chúntóir dá athair é.

Bronnadh céim sa tsocheolaíocht ar Mháirtín Óg. Chun staidéar iarchéime a dhéanamh, bhí sé meáite ar dhul chuig ollscoil sna stáit ó thuaidh nach raibh cinedheighilt á cleachtadh. Roghnaigh sé Cléirscoil Crozer in Pennsylvania mar ar thosaigh sé i 1948, duine de sheisear fear gorm as líon 100 mac léinn. D'éirigh go breá leis ann, fuair sé duaiseanna agus léigh sé a lán saghas leabhar. Tar éis iniúchadh a dhéanamh ar an gcumannachas, dhiúltaigh sé dó mar réiteach ar fhadhbanna na cruinne toisc gur shéan an córas sin toise spioradálta an duine agus beith Dé. Níor ghlac sé ach a oiread le teoiric Leinín "gur fhírinnigh an toradh an tslí" ("the end justifies the means").

Chuala sé caint in Philadelphia faoi Gandhi, a bhí i mbéal an phobail ag an am mar fhuascailteoir na hIndia, agus tháinig sé faoina thionchar. Dúirt Cing uair amháin: "ó mo chúlra Críostaí a fuair mé mo chuid idéal, agus ó Gandhi mo theicnící oibríochta". Léigh sé beathaisnéis Gandhi agus ba mhór aige an fhéidearthacht chun fuinneamh ollmhór a ghintear le fuath a iompú ina ghrá cruthaitheach dearfach. Thosaigh sé ag machnamh ar straitéis neamhfhoréigneach Gandhi mar réiteach a d'fhéadfaí a úsáid in aghaidh leithcheal ciníoch ina thír féin. Fuair sé amach go gcuidíonn an grá le tógáil pobail. Tar éis dó staidéar a dhéanamh ar chineálacha éagsúla fealsúnachta, d'áitigh sé gur féidir peaca a chaitheamh amach trí dhul i ngleic leis an drochrud i do shaol féin agus casadh chuig grá Dé.

I dteannta lena chuid staidéir, bhí suim ag Cing sa saol sóisialta, rincí, agus araile. Leag sé a shúil ar Coretta Scott, mac léinn ceoil sa *New England Conservatory* agus thit siad i ngrá. Bhí fadhb rompu maidir leis an saol pósta; cheap seisean gurbh iad cúramaí tí agus tógáil clainne a bhí i ndán do mhná, ach bhí suim aici i slí bheatha dá cuid féin. Ghéill sí áfach agus i 1953 phós a athair an bheirt.

Ansin bhí ar Mháirtín Óg cinneadh a dhéanamh an dtabharfadh sé faoin saol acadúil nó faoin ministreacht thréadach. Fuair sé tairiscint ó Eaglais Bhaisteach in Montgomery, Alabama, agus ghlac sé léi.

Rosa Parks agus baghcat na mbusanna

Cé go raibh sochaí shíochánta in Montgomery ag an am, ba shíocháin mhealltach éadrom í. Ar bhusanna na cathrach b'fhir bhána amháin iad na tiománaithe, agus b'éigean do phaisinéirí gorma suí ar chúl an bhus agus suíochán a ghéilleadh do dhuine den chine geal a lorgódh é. Bhí an seirfean ag fiuchadh agus níorbh fhada go bpléascfadh sé.

Gabhadh Rosa Parks, bean aitheanta sa phobal gorm, ar an gcéad lá de mhí na Nollag 1955 toisc nach ngéillfeadh sí a suíochán do dhuine geal ar bhus. Ar an oíche sin d'eagraigh grúpa ban gorm cruinniú agus thairg Cing a eaglais mar ionad. I measc daoine a d'fhreastail ar an gcruinniú, bhí ministéir eile, Ralph Abernathy, chomh maith le dhá scór de na daoine gorma ba mhó tionchar sa chathair – dochtúirí, dlíodóirí, fir ghnó, múinteoirí. Dúirt Cing leis an slua:

"Tagann am nuair a éiríonn daoine bréan de shatailt agus de chos ar bolg a bheith á déanamh orthu. Má táimid san éagóir, tá Dia Uilechumhachtach éagórach. Má táimid san éagóir, ní raibh in Íosa ó Nazarat ach aislingeach útóipeach. Má táimid san éagóir, is bréag í an chóir!"

Chruthaigh Cing go raibh sé ina straitéisí cumasach polaitiúil chomh maith le bheith ina shár-óráidí. Cinneadh go ndéanfaí baghcat ar na busanna an 5ú Nollaig, agus iarradh ar fhir tacsaí den chine gorm paisinéirí a iompar ar tháille an-íseal ar an lá.

Bliain chinniúnach i saol Mháirtín Liútair Cing ba ea 1955. Bronnadh céim dochtúra sa diagacht air ó Ollscoil Bhostúin. Chuala sé óna bhean go mbeadh sé ina athair ar ball beag. Ach d'athraigh baghcat bus Montgomery cúrsa a shaoil.

D'éirigh go hiontach leis an mbaghcat agus gairmeadh cruinniú eile an tráthnóna sin chun an chéad chéim eile a bheartú . Ar an lá céanna, tugadh Rosa Parks os comhair cúirte, fuarthas ciontach í agus cuireadh fíneáil $14 uirthi. Ba é Cing an príomhchainteoir arís ag an dara cruinniú. Dúirt sé go raibh an t-am tagtha i gcomhair agóide ach go gcaithfí arm an ghrá a úsáid. Cinneadh d'aonghuth leanúint leis an mbaghcat agus leanadh leis ar feadh bliana go hiomlán d'ainneoin cur i gcoinne láidir ó údaráis na cathrach. Gabhadh Máirtín Liútar Cing as bheith ag tiomáint beagán thar an luasteorainn ach scaoileadh saor ó phríosún é nuair a thosaigh agóid. Ansin rinneadh bagairtí ar a bhean is a chlann agus tháinig ísle brí air. Ghuigh sé, bhraith sé go raibh sé i láthair Dé, agus chuala sé guth istigh ann ag rá: "má sheasann tú don fhírinne, beidh Dia ar do thaobh choíche". D'aimsigh feidhmeannaigh na cathrach seandlí an stáit in aghaidh baghcat. Cuireadh triail ar Ching agus ar a chomhcheannairí i Márta 1956. Fuarthas ciontach iad agus gearradh fíneáil $500 orthu. Tar éis achomhairc chuig an gCúirt

Fheidearálach rialaíodh go raibh busanna deighilte (mar a bhí in Alabama) míbhunreachtúil, rialú lenar aontaigh an Chúirt Uachtarach i mí na Samhna. Thosaigh busanna gan deighilt láithreach – bua stairiúil don chine gorm.

Cé nach raibh ach 27 mbliana slánaithe aige, léirigh Cing a mhianach, cé go raibh air praghas a íoc – imeagla a imríodh ar a bhean is a pháiste, é féin amuigh ag cruinnithe is ag taisteal déanach san oíche. Ach bhí sé bródúil as a mhuintir. Leathnaigh tacaíocht ar fud na stát ó dheas agus bunaíodh eagras nua chun streachailt ar son chearta daonna na ngormach –*The Southern Christian Leadership Conference*.

Cothromaíocht agus Cearta Sibhialta

Ba é an phríomhaidhm ag an *Leadership Conference* na sluaite den chine gorm a eagrú sa troid ar son na saoirse, iarracht shíochánta mar a bhí in Montgomery. Ba é an chéad tionscadal acu ná feachtas cláraithe do vótóirí.

Ach ansin thosaigh scliúchas in Little Rock, Arkansas. D'ordaigh cúirt fheidearálach d'Ard-Scoil Láir cead isteach a thabhairt do naonúr mac léinn den chine gorm. Chuir an Gobharnóir Faubus an Garda Náisiúnta ar dualgas chun na gormaigh a choimeád amach. Ansin ghníomhaigh an tUachtarán Eisenhower chun rialú na cúirte a chur i bhfeidhm agus chuir sé míle saighdiúr don chathair. Thug na saighdiúirí cosaint do na daltaí ag dul ar scoil d'ainneoin fonóid a bheith á déanamh orthu ag daoine geala. Dúirt Cing gur thug an eachtra in Little Rock léiriú tragóideach ar dhearcadh claonta daoine.

I Meán Fómhair 1958 tharla an ghéarchéim ba mheasa fós do Ching. Bhí sé ag síniú cóipeanna dá chéad leabhar *Stride Toward Freedom* i siopa i Nua-Eabhrac nuair a tháinig bean ghorm dhea-ghléasta chuige. Sháith sí sa chliabh é le scian oscailte litreach agus stop an scian díreach roimh phríomhartaire an chroí. Ach tháinig sé slán.

Lean Cing air ag tabhairt tacaíochta d'aon ghrúpa a bhí ag streachailt ar son na cothromaíochta. I 1960 agus 1961 bhí feachtas tosaithe le suíonna isteach ("sit-ins") ag cuntair lóin i siopaí, i leithris agus seomraí feithimh a raibh fógraí "daoine geala amháin" orthu. I bhfómhar na bliana 1960 gabhadh Cing, agus gearradh ceithre mhí i bpríosún air; ghlaoigh Bobby Kennedy (i lár feachtais toghchánaíochta) ar an mbreitheamh faoi bhannaí agus an lá dár gcionn scaoileadh saor é.

Tharla an choimhlint ba mhó go dtí sin i 1963 in Birmingham, Alabama. Bhí droch-cháil ar an gcathair sin agus dúirt Eugene "Bull" Connors (de shliocht Éireannach), ceannasaí na bpóilíní go raibh a fhios aige conas daoine gorma a choimeád ina n-áit. Chuir Cing agus an *Leadership Conference* plean le chéile ag tosú le suíonna isteach agus baghcat. Thraenáil sé óglaigh i modhanna neamhfhoréigeanacha. Ba í a fhealsúnacht ná: "Ní féidir le fuath an ruaig a chur ar fhuath; níl ach grá in ann é sin a dhéanamh". Ghabh na póilíní daoine gorma a bhí ag máirseáil go síochánta. Thosaigh na príosúin ag líonadh agus eisíodh ordú chun stop a chur leis an agóid. Bheartaigh Cing diúltú dó sin, agus in ainneoin achainí óna bhean agus ó cheannairí eile, d'eagraigh sé máirseáil eile agus é féin ina cheannaire uirthi. Gabhadh é agus cuireadh i gcillín aonair i bprósún é. Fad is a bhí sé i ngéibheann, scríobh sé *Letter from Birmingham Jail* mar fhreagra ar ráiteas ó ghrúpa eaglaiseach den chine geal a bhí ag ceistiú a mhodhanna.

Scaoileadh amach Cing agus Abernathy ar bhannaí agus chuaigh siad ag lorg tacaíochta arís ó mhic léinn. Leis na mic léinn tháinig a ndeartháireacha agus deirfiúracha óga, agus nuair a chuaigh siad siúd ag máirseáil, d'ordaigh "Bull" Connors do na póilíní iad a chur faoi ghlas cé go raibh cuid acu chomh hóg le 6 bliana d'aois. Gabhadh 900 ar an lá sin agus ar an dara lá tháinig 2500 páiste amach. Bhí "Bull" Connors ag fanacht leo, agus chomh maith le póilíní a raibh madraí Alsáiseacha ina dteannta, bhí fir dhóiteáin réidh le huisce faoi ardbhrú a scaoileadh. Thug Connors an t-ordú agus bhí sé ina chíréib os comhair na meán cumarsáide. Casadh na taoide a bhí ann. Ní hamháin go raibh na póilíní ag cailleadh meanman ach thosaigh lucht gnó Birmingham cainteanna rúnda leis na ceannairí gorma. Bhí bua bainte ach thosaigh an Ku Klux Klan ag gníomhú le buamaí agus b'éigean don Uachtarán J.F. Kennedy 3000 trúpa a chur ann chun síocháin a athbhunú in Birmingham.

Um an dtaca sin bhí Máirtín Liútar Cing ag síorghluaiseacht agus chaith sé níos lú ná 10% dá chuid ama sa bhaile. Ní bhíonn saoi gan locht agus tá sé ar eolas anois go ndeachaigh sé chuig mná eile ag lorg sóláis. Bhí sé faoi bhrú uafásach agus chuir an FBI gaireas cúléisteachta isteach i seomraí óstáin inar fhan sé. In ainneoin a mhídhílseachta, bhí sé an-tugtha dá bhean is dá cheathrar páistí; bhíodh sé ag lorg comhairle ó Coretta agus ba bhreá leis a bheith ag súgradh leis na páistí.

An Mháirseáil go Washington agus a toradh

Mar fhreagra ar ar tharla in Birmingham, mhol an tUachtarán Kennedy Bille Ceart Sibhialta a chur faoi bhráid Chomhdháil na Stát Aontaithe. Chun brú a chur ar fheisirí, d'eagraigh ceannairí Ceart Sibhialta (gan Cing ina measc) máirseáil mhór go Washington i Lúnasa 1963. Chruinnigh ceathrú milliún Meiriceánach, a lán díobh den chine geal agus réaltaí scannán ina measc, thart ar leacht cuimhneacháin Lincoln. Labhair cainteoirí éagsúla i dtosach ach ba í óráid Ching (a tháinig i láthair) a chorraigh an slua. Ba í an óráid í a mhair sa stair faoin teideal: "Tá aisling agam". Lean sé:

"Tá aisling agam go dtiocfaidh an lá ar chnoic rua Georgia nuair a bheidh mic na n-iarsclábhaithe agus mic na n-iarúinéirí sclábhaithe in ann suí le chéile ag bord an bhráithreachais. Tá aisling agam lá éigin go mairfidh mo cheathrar páistí óga i náisiún ina dtabharfar breith orthu ní de réir dhath a gcnis ach de réir mhianach a gcarachtar.

Leis an gcreideamh seo beimid in ann cloch an dóchais a ghearradh as sliabh an éadóchais. Leis an gcreideamh seo beimid in ann oibriú le chéile, guí le chéile, streachailt le chéile, dul go príosún le chéile, seasamh le chéile don tsaoirse, agus fios againn go mbeimid saor lá éigin."

Chríochnaigh sé le focail ó iomann gorm: "Saor faoi dheireadh, saor faoi dheireadh, buíochas le Dia Mór Uilechumhachtach go bhfuilmid saor faoi dheireadh!"

Bhí an slua faoi dhraíocht aige, ach faraor léiríodh sna míonna ina dhiaidh sin doimhneas fuatha. Mí tar éis na máirseála go Washington, caitheadh buama isteach in Eaglais Bhaisteach agus dúnmharaíodh ceathrar páistí gorma i rang Scoile Domhnaigh. I mí na Samhna, feallmharaíodh John F. Kennedy in Dallas, Texas. Ach ag deireadh na bliana roghnaigh an iris *Time* Máirtín Liútar Cing mar Fhear na Bliana – an chéad uair riamh a bronnadh an gradam sin ar Mheiriceánach-Afraiceach. Agus i mí Iúil 1964 shínigh an tUachtarán Lyndon Johnson bille cumisitheach ceart sibhialta.

Thug Cing turas ar an Eoraip i Meán Fómhair 1964; chuaigh sé chun cainte leis an Maor Willy Brandt agus le hEaspag Liútarach i mBeirlín Thiar, agus sa Róimh bhí cruinniú speisialta aige leis an bPápa Pól VI. Ar fhilleadh abhaile dó, chuala sé gur bronnadh Duais Nobel na Síochána air, an duine ab óige riamh don ghradam. Thug sé an t-airgead a bhí ag dul leis an duais sin, breis is $50,000, do chúis ceart sibhialta. Ag glacadh leis an duais in Oslo, dúirt sé gur aitheantas a bhí ann do "bhuncheist pholaitiúil agus mhorálta ár linne – an gá le leatrom agus foréigean a shárú gan dul i muinín an fhoréigin is an leatroim."

Máirseáil Selma is cearta vótála

Ba ghormaigh iad breis is leath den daonra i mbaile Selma, Alabama, ach ní raibh ach vótóir amháin as céad ina dhuine gorm. Cuireadh bacanna míchuí ar vótóirí gorma. I 1965, threoraigh Cing sraith máirseálacha go Teach na Cúirte i Selma chun iarracht a dhéanamh vótóirí gorma a chlárú. Gabhadh agus cuireadh i bpríosún 2000 gormach i dtréimhse 7 seachtaine, Máirtín Liútar Cing ina measc. Oíche amháin lámhachadh máirseálaí gorm agus caitheadh amhras ar shaighdiúir stáit. D'eagraigh Cing máirseáil ar leith as Selma go Montgomery, príomh-chathair an stáit. Chuir Gobharnóir an Stáit, George Wallace, toirmeasc air agus d'ionsaigh na póilíní lucht na máirseála. Tháinig ceannairí reiligiúnda ó áiteanna eile i Meiriceá chun tacaíocht a thabhairt, agus thug bithiúnaigh gheala greadadh do dhuine de na ministéirí gorma a fuair bás dá bharr. Bhí ar na húdaráis géilleadh agus ceadaíodh an mháirseáil. Nuair a chuaigh Cing chun tosaigh i dteannta 300 máirseálaí, bhí lena thaobh Ralph Bunch ó na Náisiúin Aontaithe agus Rabbi Herschel ó Chléircholáiste Giúdach Mheiriceá. Ar lá deireanach na máirseála bhí 25,000 duine ó cheann ceann na Stát cruinnithe ag an gCaipeatól. Labhair Cing go teasaí ach le stuaim:

"Ní hí ár n-aidhm briseadh ar na daoine geala ná uirísliú a thabhairt dóibh. Caithfimid a gcairdeas agus a dtuiscint a lorg. Caithfimid féachaint chuige gurb é atá uainn ar deireadh thiar ná sochaí shíochánta. Cathain? Ní i bhfad, mar is de réir mar a chuirtear is ea a bhaintear. Ní i bhfad mar tá mo shúile tar éis glór theacht an Tiarna a fheiceáil."

Mar thoradh ar mháirseálacha Selma, chuir an tUachtarán Johnson bille láidir ceart vótála tríd an gComhdháil.

Cogadh Vítneam agus cás na mbochtán

Thart ar an tráth sin, lár na 1960í, bhí Cing ag teacht ar an tuairim go raibh cás na mbochtán i dtír ar bith do-roinnte. Dar leis gur mhar a chéile leatrom ar na daoine gorma sna stáit dheisceartacha agus ar na daoine bochta (geal nó gorm) sna cathracha i Meiriceá, nó ar dhaoine ar an taobh eile den domhan sa Chian-Oirthear.

Bhí cogadh i Vítneam ag dul i méid agus S.A.M. sáite níos doimhne ann. Ba dheachtóir é an Príomh-Aire Diem i ndeisceart na tíre a raibh tacaíocht aige ó shaighdiúirí Meiriceánacha (mar "chomhairleoirí") ó aimsir an Uachtaráin

Kennedy. Bhí na cummanaigh sa tuaisceart ag déanamh níos mó ionsuithe fiú ar bhunáiteanna Meiriceánacha. Nuair a d'iarr an Ginearál Westmoreland a thuilleadh trúpaí ó Washington, fuair sé iad, agus ba ghearr go raibh S.A.M. páirteach i gcogadh ar mhórscála. Thosaigh Máirtín Liútar Cing ag labhairt amach ina choinne sin agus tharraing sé conspóid anuas air féin. B'fhearr le cuid dá lucht tacaíochta go gcloífeadh sé le cearta don chine gorm agus bhí cuid de stiúrthóirí an *Leadership Conference* in aghaidh a pháirte sa ghluaiseacht frithchogaidh.

Ach bhí Cing cinnte dearfa faoina ghairm mar mhinistéir Chríost agus dar leis gurbh é ba chiall le bheith ina pháiste ag Dia grámhar na cruinne gur chóir dó labhairt amach in aghaidh marú daoine bochta i Vítneam agus mar a chéile in aghaidh feall ar dhóchas na mbocht sa bhaile. Thug sé óráid cháiliúil eile uaidh in Riverside, Nua-Eabrac i 1967, áit a ndúirt sé:

"Chonaic mé 'Clár an Bhochtanais' stróicthe óna chéile agus bhí a fhios agam nach gcuirfeadh Meiriceá infheistíocht ná fuinneamh isteach in athshlánú a bhocht fad is atá eachtraí mar Vítneam ag leanúint ag sú fear is scileanna is airgid. Mar sin, ba mhó a cuireadh ar mo shúile dom gur namhaid do na daoine bochta a bhí sa chogadh agus gur cóir ionsaí a dhéanamh air dá réir". Agus arís: "Tá a fhios agam go bhfuil ceart do-roinnte, má tá mícheart in áit ar bith is bagairt é ar cheart i ngach áit".

Chuaigh sé go Chicago i 1966 ag éileamh tithíocht neamhdhealaithe agus glanadh amach na bplódcheantar. I rith máirseála, d'ionsaigh slua daoine geala lucht na máirseála. Bhuail cloch mhór Cing ar a chloigeann. Nuair a caitheadh scian leis, chuaigh sí thairis agus bhuail sí fear geal a bhí i measc an lucht féachana. Ba bheag ná go raibh círéib ann. Bhí roinnt daoine gorma ag teacht ar an tuairim go raibh gá leis an lámh láidir chun torthaí a bhaint amach agus ag cur i gcoinne mhodhanna neamhfhoréigneacha Cing. Thosaigh scoilteanna sa ghluaiseacht ceart sibhialta.

Chuig Memphis agus feallmharú

Ní hamháin go raibh cuid éigin dá mhuintir féin iompaithe ina choinne. Bhí an rialtas anois ag tabhairt cluas bhodhar d'achainíocha ar son an chirt shóisialta. Dúirt J. Edgar Hoover, Stiúrthóir an FBI, gurb é Cing an fear ba dhainséirí i Meiriceá!

Ag tús na bliana 1968, chuaigh sé go Memphis, Tennessee ag eagrú máirseála ar son daoine bochta. Ar son oibritheoirí bruscair na cathrach a bhí ar stailc, a bhí an mháirseáil dírithe. Theastaigh ó Mháirtín Liútar mar ba gnáth nach mbeadh aon fhoréigean ann ach ní mar sin a tharla. Shleamhnaigh dronga borba isteach sa mháirseáil agus thosaigh siad ag ionsaí siopaí. D'imigh Cing ón slua láithreach agus ceann faoi air.

Go Washington leis ansin mar a raibh sé ag seanmóireacht. D'ainneoin comhairle óna lucht tacaíochta, bheartaigh sé ar fhilleadh ar Memphis. Beartaíodh máirseáil eile go cúramach le béim ar mhionsonraí ionas go mbeadh sí síochánta. Nuair a thaistil Cing go Memphis agus chuaigh sé isteach i móstán, scaip na meáin chumarsáide an scéal go raibh sé ann agus d'fhógair stáisiún raidió amháin uimhir a sheomra. Tráthnóna an 3ú Aibreáin thug sé a óráid dheireannach, ag rá:

"Ba bhreá liom saol fada a bheith agam ach is cuma liom faoi sin anois. Is mian liom toil Dé a dhéanamh agus cheadaigh sé dom dul go mullach sléibhe agus féachaint ar an Tír Tairngre. B'fhéidir nach rachaidh mé ann libh, ach ba mhaith liom a fhios a bheith agaibh go sroichfimid mar phobal an Tír Tairngire. Bhí fís agam tráthnóna gur réaltacht é an bráithreachas daonna. Leis an gcreideamh seo, rachaidh mé chun tollán dóchais a ghearradh as sliabh an éadóchais".

An lá dár gcionn, tar éis cruinnithe pleanála agus sula ndeachaigh sé amach lena chúntóirí i gcomhair béile, bhí Cing ina sheomra agus chuaigh sé amach ar an mbalcóin. Bhuail urchair, a scaoil James Earl Ray, é agus fuair sé bás in ospidéal laistigh d'uair an chloig. Tugadh a chorp go hAtlanta agus shiúil os cionn 200,000 duine, idir gheal is ghorm, taobh lena shochraid.

Maireann a shaothar is a chuimhne

Dhá lá i ndiaidh a bháis, scríobh a bhaintreach Coretta Scott Cing, dán próis ag rá:

"Bhí a fhios aige ag nóiméad ar bith go bhféadfaí a shaol fisiciúil a chiorrú, agus thugamar aghaidh ar an bhféidearthacht go macánta gan fuath. Thug sé a bheatha ar son bhoicht an domhain – oibritheoirí bruscair in Memphis, agus tuathánaigh Vítneam. Thug sé a bheatha ar son bealaigh níos foirfe, bealach cruthaitheach agus ní millteach. Tá sé ar intinn againn dul ar thóir an bhealaigh sin".

D'fhág Cing a theagasc i scríbhinn dúinn i leabhair mar: *Stride Toward Freedom*, *Strength to Love* (cnuasach seanmóirí), *Where Do We Go From Here*, *Why We Can't Wait*, agus an ceann deireanach *The Trumpet of Conscience*.

D'fhoghlaim sé modhanna síochánta ó Mahatma Gandhi, fear eile a feallmharaíodh nuair a bhí saothar mór déanta aige. Ach ina theannta sin, bhunaigh Máirtín Liútar Cing a fhealsúnacht ar an Soiscéal – ar choincheapa mar mhaithiúnas, agus bhráithreachas idir daoine de gach cineál. Léirigh sé an dúshlán a bhaineann le malairt ar fhoréigean. Dúirt sé: "Lá éigin, ní mór dúinn a aithint nach sprioc i bhfad uainn atá sa tsíocháin, ach gurb í an meán trína sroichimid an sprioc sin". Agus arís: "Ní mór dúinn maireachtáil le chéile mar dheartháireacha agus dheirfiúracha nó éagfaimid mar amadáin". Ag léiriú mar a mhaireann na téamaí móra beo fiú agus an saol ag athrú, ar chuairt chun na tíre seo le déanaí dúirt Dr. Elbert Ransom, comhghleacaí le Cing, go mbaineann seanmóirí Ching faoi ghrá ag buachan ar fhuath le hábhar in Éirinn nua an ilchultúrachais agus na hinimirce.

I S.A.M. i 1986 ainmníodh lá breithe Ching mar Lá Saoire Náisiúnta, an chéad uair a tugadh an gradam sin d'fhear gorm. Scríobh Vincent Harding, iriseoir, údar, agus cara le Máirtín Liútar, caibidil i leabhar i 1979 faoi chaidreamh idir ciníocha, caibidil faoin teideal *So Much History, So Much Future, Martin*

Luther King Jr. and the Second Coming of America. Luaitear i dtuairisc amháin faoi, mar a bhí Cing ag streachailt chun a bheith níos mó ná a cháilíochtaí ba laige, agus mar thug sé dúshlán don Eaglais agus do Mheiriceánaigh go léir an rud céanna a dhéanamh.

Ag na Cluichí Oilimpeacha in Atlanta, tugadh ómós do Ching ag an Searmanas Tionscnaimh. Bhí a bhaintreach Coretta i láthair nuair a craoladh na focail spreagúla óna óráid i 1963: "Tá aisling agam". Maireann a aisling (nár fíoraíodh fós) agus a dhúshlán.

Oscar Romero

1917 - 1980

Ardeaspag agus Mairtíreach don Cheart

"Is méanar daoibh nuair is fuath le daoine sibh . . mar gheall ar Mhac an Duine . . is mór é bhur dtuarastal ar neamh" (Lúcás 6: 22/23)

An tSochraid

Nuair a chuaigh Anne Daly chuig San Salvador, príomhchathair El Salvador, chun tuairisc raidió a ullmhú ar shochraid an Ard-Easpaig Romero, ba bheag a shíl sí go mbeadh an t-ádh léi a beatha a thabhairt slán as (féach leabhrán a scríobh sí do Veritas agus do Fhoilseacháin San Pól).

Níor ghnáthshochraid í mar níor ghnáth-ardeaspag é Monseñor Romero. Ní raibh bealach a bháis gnách ach a oiread. Bhí na mílte den chosmhuintir Shalvadórach ag plódú na sráideanna i lár na cathrach, chomh maith leis na céadta sagart is ban rialta agus eaglaiseach céimiúil. Ba Chairdinéal ó Mheicsiceo a bhí ina phríomhcheiliúraí ag an Aifreann, agus páirteach freisin bhí easpaig ó thíortha Mheiriceá Laidineach is na hEorpa, easpaig as Éirinn agus as na Stáit Aontaithe (in ainneoin naimhde cumhachtacha Romero sa tír sin) ina measc. Bhí an Ardeaglais, nó Baisleac Sagrado Corazón (Baisleach an Chroí Naofa), lán go doras agus 50,000 de shlua sa Plaza Láir. B'éigean an tAifreann a cheiliúradh amuigh faoin aer. Scríobh Anne Daly go raibh atmaisféar féiltiúil le brath cé gur léir an brón i measc an phobail. Bhí Monseñor Romero tar éis a scríobh: "má mharaítear mé, aiséireoidh mé i measc mhuintir Shalvadór".

Fiche nóiméad tar éis thús an Aifrinn, chuala na daoine a bhí laistigh den Bhaisleac (mar a raibh Daly) fuaim phléascáin. Thosaigh rabharta daoine ag brú isteach ón chearnóg trí na doirse. Ansin cuireadh breis scéine sa phobal laistigh nuair a thosaigh scaoileadh gunnaí a lean ar feadh roinnt nóiméad. Ina dhiaidh fágadh leathchéad duine marbh agus tógadh na céadta chuig ospidéal. B'éigean corp an Ard-Easpaig a adhlacadh faoi dheifir i dtuama sa lusca.

Cérbh é an tArdeaspag sin a raibh naimhde fíochmhara i bhfórsaí cosanta na tíre aige?

Eaglaiseach coimeádach a ndearnadh cosantóir na mbocht de

Rugadh Oscar Arnulfo Romero Y Galdánez i 1917 in Ciudad Barrios, thart ar 10 míle ó theorainn El Salvadór-Hondúras. Ba é an dara mac é ag Santos Romero, oibreoir teileagraif, agus ag Guadelupe de Jesus, ar saolaíodh ochtar páistí ar fad dóibh. Níorbh fhear cráifeach é Santos in aon chor, agus bhí leanaí eile aige le mná lena raibh caidreamh aige. Tar éis d'Oscar a bheith ina theachtaire teileagraif tamall, chuir a athair chuig siúinéir é chun printíseacht a dhéanamh le go bhféadfadh sé cáiliú sa cheird sin.

Bhí cáil ar Oscar mar bhuachaill staidéarach, cráifeach. Nuair a bhí sé ina ógfhear, bhuail sé trí sheans le Biocáire Ginearálta Dheoise San Miguel. Nocht Romero óg a mhian dul isteach sa choláiste sagartóireachta i San Salvadór, rud a rinne sé. Tar éis a chúrsa staidéir ansin, oirníodh é i 1942, agus an bhliain dár gcionn, cuireadh chuig an Ollscoil Ghréagórach sa Róimh é mar ar bhain sé amach céim sa diagacht. Ar fhilleadh ar ais chuig a thír dhúchais dó, rinneadh sagart paróiste de. Cúpla mí níos déanaí, ghlaoigh a easpag air chun a rá go mbeadh sé feasta mar rúnaí na deoise. Bhí Oscar sásta a bheith lonnaithe i San Miguel a bhí gar dá mháthair. Mhair sise go dtí 1961.

Ba léir go raibh mianach maith san Athair Romero agus in am tráth fuair sé roinnt arduithe céime. Idir 1970 agus 1974, bhí sé ina Easpag Cúnta i San Salvadór. Ansin bhí sé ina Easpag ar Santiago de Marna ar feadh dhá bhliain. Nuair a ceapadh Romero ina Ardeaspag ar Shan Salvadór i mí Feabhra 1977, ní mór an fháilte a chuir roinnt den chléir is tuataí a bhí tógtha le hobair ceart daonna, roimhe. Bhí sé de cháil air gurbh easpag coimeádach, faichilleach é nach mbogfadh an *status quo*. Dá bhrí sin, bhí áthas ar lucht ceannais na tíre le roghnú an Ardeaspaig nua.

Bhí idir eaglais agus shochaí in El Salvador roinnte go mór. Formhór an chliarlathais bhí siad coimeádach; bhí easpag San Miguel, an Coirnéal Alvarez, ina Shéiplíneach Ginearálta do na fórsaí cosanta agus bhí sé de nós aige beannacht a thabhairt do héileacaptair mhíleata a bhíodh ag tabhairt ruathair ar shráidbhailte bochta faoin tuath. Ar an taobh eile, bhí sagairt óga is baill de Chumann Íosa agus mná rialta tógtha le leasuithe Vatacáin II. Go luath sna 1970í, bhí Diagacht na Fuascailte ag dul chun cinn in El Salvadór; bunaíodh *Communidades de Base* (bunphobail Chríostaí). Astu sin, shíolraigh "Toscairí an Bhriathair" mar cheannairí pobail, agus spreag siad *campeinos* (tuathánaigh) chun stocaireachta ar son leasuithe i gcóras na talún. Chuir gníomhaíocht mar sin an Eaglais i ngleic go díreach le tiarnaí móra talún.

Ceann de na háiteanna inar tharla corraíl ná Paróiste Aguilares, 25 míle ó thuaidh de Shan Salvadór, a bhí faoi chúram na nÍosánach. Bhí díomá ar na hÍosánaigh nuair a ceapadh eaglaiseach coimeádach mar Ard-Easpag nua. Bhí an Monseñor Romero tar éis aithne a chur ar an Athair Rutilio Grande S.J. nuair a bhí an sagart sin ina uachtarán ar an Choláiste Náisiúnta Sagartóireachta. Dhún easpaig na tíre an coláiste sin, agus ós rud é go raibh páirt mhór ag Rutilio Grande i gcinneadh na nÍosánach ina "rogha fhabhrach ar son na mbocht", chuaigh sé ag obair i bparóiste bocht Aguilares. Bhí Romero agus Grande ina ndlúthchairde, cé go raibh an tÍosánach tugtha do Dhiagacht na Fuascailte. Ach nuair a bhí Romero ag obair i San Miguel, bhíodh an-bhaint aige le daoine bochta agus le príosúnaigh – deireadh sé "tosaíonn Ríocht Neimhe lom díreach anseo".

Bhí an tAthair Grande tar éis úinéirí *hacienda* a cháineadh, rud a chuir olc ní hamháin orthu siúd ach ar na póilíní agus ar na fórsaí míleata a chuir i leith na nÍosánach go raibh siad ag tabhairt tacaíochta don chumannachas. Maidin Domhnaigh 13 Márta 1977, thug an tAthair Rutilio Grande seanmóir ina ndúirt sé "Is ceist í a bheith dílis nó gan a bheith dílis do mhisean Íosa lom láithreach. Tá an bhuncheist ann – tá sé dainséarach a bheith i do Chríostaí in Aguilares". An tráthnóna sin bhí sé ar a bhealach chun Aifreann eile a rá i sráidbhaile sa chomharsanacht, agus beirt chairde, buachaill sna déaga agus seanfhear, ina theannta. Tháinig fir ghunna agus mharaigh siad an triúr acu. Bhí an-éifeacht ag an drocheachtra sin ar an Eaglais in El Salvadór agus go háirithe ar an Ard-Easpag Romero. Labhair seisean ag an Aifreann sochraide i seanmóir a craoladh ar stáisiún raidió na hEaglaise agus dúirt sé: "Is teachtaireacht bunaithe ar an ghrá atá ag an Eaglais. Is mian linn a rá leis na dúnmharfóirí go bhfuil grá againn daoibh agus iarraimid ar Dhia aithrí a thabhairt isteach in bhur gcroíthe. Níl naimhde ag an Eaglais ach iad siúd ar mhian leo bheith mar sin". Thug sé "comhoibritheoirí san fhuascailt Chríostaí" ar Rutilio Grande agus a bheirt chompánach.

Bhí a oiread sin uafáis ar Oscar Romero gur chuir sé na hAifrinn go léir ina dheoise ar ceal ach ceann amháin san Ard-Eaglais. Labhair Nuinteas an Phápa, an tArdeaspag Gerada ó Malta (a bhí níos déanaí ina Nuinteas go hÉirinn), go príobháideach leis agus cháin sé go láidir an cinneadh sin. Ach ba léir go raibh cor mór tar éis a bheith curtha ina chinniúint. Lena mholadh ar an triúr a maraíodh agus a shaothar ar son an chirt shóisialta, thosaigh a streachailt féin sa treo is go mbeadh sé mar "ghuth dóibh siúd a bhí gan ghuth".

Coimhlint idir Stát agus Eaglais

Ba i ngéire a chuaigh géirchéim na tíre. Mí Iúil ina dhiaidh sin bhí Ginearál le hinsealbhú mar Uachtarán agus dhiúltaigh an tArd-Easpag Romero dul don searmanas. Ní raibh dearcadh mar sin ag formhór na n-easpag agus nuair a bhí easpag amháin ó El Salvadór ar cuairt sa Róimh an bhliain chéanna, cháin sé oibritheoirí eaglasta as bheith ina Marxaigh agus ina Maoigh. Go luath ina dhiaidh sin, thug an Cairdinéal Villot ón Vatacáin ordú don Ardeaspag gur chóir dó bheith níos báúla leis an gcóras míleata a bhí i réim agus dearcadh níos cothroime a bheith aige ar chúrsaí na tíre!

Ach san Ard-Deoise bhíodh cruinnithe rialta ag na sagairt, agus nuair a dúnmharaíodh sagart eile, ba mhinice a tháinig siad le chéile. Ag cruinniú, áit a raibh sagairt, mná rialta, agus ionadaithe ó na Bunphobail Chríostaí, ag plé a bhfadhbanna, bhí an-ionadh ar an Ard-Easpag. Ar sé: "Nuair a chonaic mé an grúpa i dtosach, baineadh siar asam. Ní fhaca mé doimhneas paidreoireachta i ngrúpa dá leithéid in aon chor roimhe sin, iad ag plé agus ag malartú eispéireas i láthair Dé".

Dhá mhí tar éis dhúnmharú Rutilio Grande, rinne an t-arm timpeallú ar bhaile Aguilares; chuir siad léigear ar an séipéal, agus tar éis an ionsaithe, bhí 400 de mhuintir an bhaile sínte marbh agus gach foirgneamh scriosta. Gabhadh ceathrar Íosánach ón iasacht a bhí ag obair ann, céasadh iad, agus tugadh chuig teorainn Guatamala iad chun iad a dhíbirt as an tír.

Bhí Romero tar éis iompú ó bheith ina chléireach ciúin coimeádach go bheith ina laoch cróga a labhair amach go dána. Bhíodh a sheanmóirí seachtainiúla á gcraoladh ar fud na tíre. Chuireadh sé solas an tSoiscéil ag lonrú ar réaltachtaí reatha, ag liostáil ócáidí inar cliseadh ar chearta daonna. Scríobh sé: "Eaglais nach bhfuil sásta cáineadh a dhéanamh ó thaobh na mbocht ar an éagóir a dhéantar ina gcoinne, ní hí fíor-eaglais Íosa Críost í". Bhí daoine ag fulaingt géarleanúna, ní ar son a gcreideamh, ach toisc go raibh siad bocht. Go príobháideach, d'admhaigh an tArd-Easpag a eagla agus a uaigneas, go háirithe de bharr cur i gcoinne óna chomheaspaig agus easpa muiníne ann féin ag an Róimh.

Bhí aighneas chomh mór i measc an chliarlathais, go háirithe le hEaspag San Miguel, an Coirnéal Alvarez, go raibh uair amháin inar eisigh seisean agus an tArd-Easpag tréadlitreacha le téamaí contrártha, Romero ag díriú ar son na mbocht. Bhí droch-chaidreamh idir é féin agus Nuinteas an Phápa imithe chun donais sa tslí is gur scríobh an tArdeaspag i 1978 chuig an bPápa Eoin Pól II ag gearán: "Tá an Nuinteas tar éis a léiriú go bhfuil sé níos mó faoi thionchar an rialtais, lucht taidhleoireachta agus gnó, ná faoi thionchar fhulaingt mhuintir El Salvadór".

Idir 1977 is 1979, scríobh Romero ceithre thréadlitir, áit a ndearna sé iarracht freagra Críostaí a léiriú ar shochaí éagórach a bhí in achrann léi féin. Sna tréadlitreacha sin, mhachnaigh sé ar dhul chun cinn na hEaglaise Caitlicí i gcomhdhálacha Medellin agus Puebla maidir le tosaíocht fhabhrach do na boicht. Sa cheathrú litir díobh dhírigh sé ar fhreagraí ar cheistiúchán a sheol sé chuig Bunphobail Chríostaí agus eagrais Chaitliceacha ar fud na hArd-Deoise. Rinne an tArd-Easpag iarracht sa tréadlitir bunús na héagóra sóisialta in El Salvadór a léiriú. Thagair sé ina litreacha freisin do cheist an fhoréigin agus don Mharxachas. Thrácht sé mar a mhúin Puebla idirdhealú a dhéanamh idir Marxachas mar idé-eolaíocht cheannasach ar ár n-iompar go hiomlán, agus modhanna oibre.

Ag tráth a bhí cos ar bolg ar an gcosmhuintir faoi lánseol ag fórsaí an stáit, bhí Aifreann Domhnaigh ag Monseñor Romero ina phointe freasúra, agus an Ard-Eaglais lán go doras. Bhíodh a sheanmóirí á gcraoladh ar stáisiún raidió Caitliceach a raibh lucht éisteachta ollmhór timpeall na tíre aige.

Sa bhliain 1978, bhronn Ollscoil Georgetown in Washington céim oinigh air, d'ainneoin stocaireachta ina choinne ón Vatacáin. Níos déanaí, d'éirigh leis na húdaráis eaglasta sa Róimh stop a chur le bronnadh céime air ó Ollscoil Loyola in New Orleans. Ainmníodh don Duais Nobel é freisin.

D'iarr an tArdeaspag Romero ar an gCairdinéal Hume in Westminster brú a chur ar rialtas na Breataine stop a chur le díol airm le hEl Salvadór. Rinne Hume amhlaidh, ach go ciúin mar ba nós leis. I bhFeabhra 1978 cuireadh stop le díol na n-arm agus dúirt an Rúnaí Gnóthaí Eachtracha go raibh achainí an Chairdinéil lárnach i gcinneadh an rialtais. Dhá bhliain níos déanaí, agus cúrsaí imithe chun donais, scríobh Romero chuig an Uachtarán Jimmy Carter ag achainí air stop a chur le díol airm agus le traenáil d'airm El Salvadór. Cé go raibh an Fo-Rúnaí Stáit Vance agus Ambassadóir S.A.M. fabhrach, obair in aisce a bhí san achainí sin. Ní go rúnda a rinne sé an achainí mar léigh sé an litir ón chrannóg. Ar 23 Márta 1980, thug sé an tseanmóir ba láidre fós uaidh agus d'iarr sé ar shaighdiúirí diúltú d'orduithe mídhleathacha: "Is sinne bhur muintir. Nuair a chloisfear guth an té a ordaíonn duit na tuathánaigh a mharú, cuimhnigh ar ghuth Dé – 'ná déan marú. Achainím oraibh, impím oraibh, stopadh den ghéarleanúint!"

A Bhású agus a Oidhreacht

Níorbh fhada go raibh na fórsaí armtha ag lorg díoltais. Aon lá amháin tar éis na seanmóire dúshlánaí sin, bhí an tArdeaspag ag rá Aifrinn i séipéal in ospidéal ailse a bhí faoi chúram na Siúracha Cairmilíteacha. Scaoileadh urchar amháin ó chúl an tséipéil, buaileadh Romero sa chroí agus maraíodh ar an toirt é.

Tá tuairisc tugtha agam thuas ar ar tharla ag a shochraid. Dúirt diagaire mór le rá agus cara le hOscar Romero, an tAthair John Sobrino S.J.: "Dúnmharaíodh an tArdeaspag agus chaith sé a fhuil ar altóir Dé. Mar sin, thug sé a bheatha chun críche, ag glacadh páirte i gcinniúint an-chuid Salvadórach a dúnmaraíodh chomh maith. Inniu, tá siad ann atá eaglach roimh Romero. Nuair atá roinnt daoine fós faiteach roimh a ainm fiú a bheith luaite, is é an toradh air sin go mbraitear an tArdeaspag Romero i láthair. Cuireann a leithéidí de dhaoine i gcuimhne dúinn ceannairí reiligiúnda Iosrael a d'ordaigh do na haspail 'gan caint ná teagasc a dhéanamh ar chor ar bith in ainm Íosa' (Gníomh. 4: 18). Agus dúirt Proinsiasach Éireannach, an tAthair Pat Hudson, go raibh an tArdeaspag Romero ina fhíor-chatalaíoch i gcomhair athruithe. Cé gur i measc a chosmhuintire féin is mó a bhí tionchar aige, ní hamháin ina thír dhúchais a tugadh ómós dó, ná fiú i measc Caitliceach Rómhánach amháin. Rinneadh aitheantas a thabhairt dó i Westminster Abbey mar dhuine de mhairtírigh mhóra an 20ú haois. Scríobh an Dr. Walton Empey, iar-Ardeaspag d'Eaglais na hÉireann, litir mholtach san *Irish Times* ag trácht ar chuairt a thug sé ar El Salvadór sa bhliain 2002; nuair a chuaigh sé chuig lusca na hArd-Eaglaise b'ionadh leis slua mór a fheiceáil bailithe timpeall ar a thuama, agus bhí an Dr. Empey an-chorraithe ag meascadh leis na boicht a labhair faoi agus deora ina súile (22 bliain i ndiaidh a bháis). Dúirt sé go bhfuil sé ina laoch ar cheannaireacht Chríostaí a sháraíonn teorainneacha sainchreidmheacha.

De réir tuairisce ar an *Irish Times* i 2005, rinneadh tuairisc fhada faoi rún faoi údarás an Phápa Eoin Pól II cúig bliana roimhe sin, ar iompar an Ard-Easpaig. Bhí coimeádaigh sa Vatacáin ag súil go dtiocfadh drochíomhá air sa chuntas sin, ach nuair a tháinig an tuairisc amach glanadh ó aon mhírialtacht diagachta é . Mar sin, tá súil ann go dtosófar go luath ar phróiseas chun Monseñor Romero a ainmniú mar "Bheannaithe".

Más mall is mithid.

Críochnóidh mé le giota as paidir a chum Oscar Romero féin:

"Is oibrithe sinne
Is fiú uaireanta céim ar gcúl a ghlacadh agus a bheith fadbhreathnaíoch.

Ní móide go bhfeicfimid na torthaí deiridh, ach sin é an difríocht idir an saor cloiche agus an t-oibrí .
Is oibrithe sinne,ní hea saortha cloiche,
ministrí, ná Meisiais,
Is fáithe fáistine nach linn féin sinn".

(le buíochas do nuachtlitir *Viatores Christi* agus d' Eltin Griffin O.Carm. a sholáthair an leagan Béarla).

Barbara Ward

1914 – 1981

Eacnamaí, Údar, Bean feachtais ar son an chirt agus an chomhshaoil dhomhanda

"Bíodh fuath agaibh don olc agus grá don mhaith; cuirigí an ceart i bhfeidhm sa gheata" (Amós 5:15)

Cúlra agus Éifeacht na Mná

Duine de na mná ba mhó tionchar san Eaglais Chaitliceach agus ar an leibhéal is airde i gcúrsaí idirnáisiúnta i lár an 20ú haois ba ea Barbara Ward. Rugadh i 1914 i Sasana í (tá áiteanna éagsúla luaite in dhá leabhar thagartha faoina háit bhreithe); bhí a hathair, arbh aturnae é, ina Chaecar (ball de Chumann na gCairde), agus ba ó theaghlach fadbhunaithe Caitliceach dá máthair. Tógadh Barbara mar Chaitliceach agus d'fhan sí dílis don Eaglais ar feadh a saoil. Thosaigh sí a cúrsa oideachais i gclochar in Felixstowe agus lean sí sa Lycée Moliére agus sa Sorbonne i bPáras, agus ansin sa Jugenheim sa Ghearmáin. Ghnóthaigh sí céim sa pholaitíocht, san fhealsúnacht, agus san eacnamaíocht ó Ollscoil Oxford i 1935.

Chaith Barbara trí bliana mar léachtóir seachtrach ollscoile. Ansin ceapadh ina hEagarthóir Cúnta í ar an iris cháiliúil Shasanach, an *Economist*. Bhí suim aici ar feadh tamaill i bPáirtí an Lucht Oibre sa Bhreatain ach níor lean sí ag gníomhú sa pholaitíocht. Is cosúil go raibh tionchar ag creideamh a hathar uirthi go raibh dualgas ar dhaoine a bhí go maith as, saothrú chun domhan níos fearr a chur ar fáil do chách. Ba mhór a tionchar ar feadh a saoil trína léachtaí agus a scríbhinní chuige sin.

Chuaigh Barbara Ward go Meiriceá i 1942 agus chaith sí roinnt blianta ansin sa saol acadúil. Bhí sí ina Scoláire Cuairte i Harvard idir 1957 agus 1968. Ansin bhí sí ina hOllamh Schweitzer um Fhorbairt Eacnamaíochta Idirnáisiúnta in Ollscoil Columbia sa tréimhse 1968-1973. Ceapadh ar Choimisiún na Vatacáine um Cheart is um Shíocháin í i 1967, agus is dócha gurbh í an chéad bhean riamh í ar an gCoimisiún sin. Tá sé ráite i leabhar amháin gurbh í an chéad bhean í a labhair ag Dara Comhairle na Vatacáine, ach ní dócha gur fíor sin mar ba bheag tuata fireann fiú ar tugadh cead dó labhairt ag an gComhairle.

Bhuail Barbara le Sior Robert Jackson, Astrálach a bhí ina oifigeach leis na Náisiúin Aontaithe, agus phós siad. Rugadh mac amháin dóibh ach níor mhair an pósadh. Toisc gur

Chaitliceach í, níor theastaigh colscaradh uaithi, ach fuair siad scaradh dleathach i 1966.

Saothar idirnáisiúnta

Leathnaigh cáil Barbara Ward agus meas ar a grinneas go luath. I 1948 thug sí foláireamh, áit a ndúirt sí mura mbeadh Meiriceánaigh agus Eorpaigh Iartharacha sásta éirí as iarrachtaí chun an saol a bhí thart a athchruthú agus comhoibriú chun sochaí nua a chruthú, níos cothroime ná aon rud a bhí á ofráil ag na cumannaigh, "gur isteach i ré dhorcha a bheimid". Bhí comóradh 10 mbliana de Phlean Marshall ann i 1957, agus ar ócáid bhronnta céime oinigh uirthi i Harvard, d'eisigh sí achainí i gcomhair leagan domhanda den phlean.

Scríobh sí 16 leabhar inar chuir sí chun cinn ceart do bhoicht an domhain agus cothromaíocht níos fearr idir na náisiúin forbartha agus an tríú domhan. Ar na teidil ar a cuid leabhar tá: *Faith and Freedom*, *Five Ideas that Changed the World*, *Poverty and Politics*, *The Lopsided World*. Ní mór cuimhneamh sna 1950í agus 1960í, nuair a foilsíodh na leabhair sin, nach raibh an Tríú Domhan, ceisteanna comhshaoil, ná baint idir creideamh agus cúrsaí cirt is cothromaíochta, tagtha os comhair an phobail mar atá anois. Bhí Barbara Ward gníomhach ag lorg tacaíochta, ar an leibhéal ab airde, do na cúiseanna sin ar chuir sí suim iontu. Tugtar creidiúint di as dul i bhfeidhm ar na Náisiúin Aontaithe chun cláir a bhunú i leith uisce ghlain agus séarachais i dtíortha neamhfhorbartha.

Tá sé ráite sa *Dictionary of National Biography* gur fhág sí rian a smaointe ar ghlúin daoine. I bhfoinse eile tá an moladh "gur dhuine í de na daoine ba mhó éirim a chuir le smaointeoireacht eacnamúil agus pholaitiúil ó na 1930í i leith". Bhronn cúig ollscoil Dochtúireachtaí Oinigh uirthi. Bhí cumhacht iontach aici trí dhul i bhfeidhm ar cheannairí domhanda – i measc a cairde bhí beirt Uachtarán ar S.A.M., beirt Phápaí, Príomh-Airí, scoláirí, agus araile. Tugadh an cúram do Barbara Ward in éineacht le René Dubos tuairisc a scríobh do Chomhdháil na N.A. ar an gComhshaol Daonna i Stócólm i 1972; bhí an tuairisc bunaithe ar aighneachtaí ó bhreis is 150 saineolaí ó chuid mhaith tíortha, agus foilsíodh mar leabhar é dar teideal *Only One Earth*.

Ó thaobh na hEaglaise Caitlicí de, d'fheidhmigh sí mar shaineolaí le linn Shionad na nEaspag sa Róimh i 1971 ar *Ceart sa Domhan*. An bhliain dár gcionn bhí sí ina ball de thoscaireacht na Vatacáine chuig Comhdháil UNCTAD III i Santiago na Sile.

Déanfaimid iarracht thíos achoimre a thabhairt ar chuid dá smaointe fadradharcacha dúshlánacha ó thrí cinn dá leabhar. Is dóigh liom go léirítear a dearcadh fáidhiúil iontu.

The Rich Nations and the Poor Nations

(bunaithe ar shraith léachtaí don *Canadian Broadcasting Corporation* agus a foilsíodh i 1962).

Ba é an téama a bhí aici ná cúnamh eacnamaíochta do thíortha neamhfhorbartha, ábhar a gcloisimid go minic faoi na laetheanta seo ach nach raibh chomh mór i mbéal an phobail breis is dhá scór bliain ó shin. Thosaigh sí ag cur síos ar cheithre réabhlóid "smaointe" a bhí ag tarlú timpeall an domhain:

- cothromaíocht idir dhaoine;
- forbairt, áit a bhfuil béim ar athruithe chun saol níos fearrr a chruthú agus ar earraí ábhartha a sholáthar;
- ráta beireatais ag méadú, agus fás ollmhór i ndaonra an domhain;
- feidhmiú athruithe eolaíochta i ngach gné den saol.

Bhí mar thoradh air sin go léir forbairt ar shochaí i bhfad níos saibhre timpeall ar an Atlantach Thuaidh.

Bhí oidhreacht dhúbailte laistiar de sin: (a) Gréagach (smaointe, eolaíocht); (b) Giúdachas agus Críostaíocht (fís gurbh í obair Dé atá sa chruthaitheacht ar fad). Sa 20ú haois tharla forbairtí teicneolaíochta a raibh toradh orthu gur éirigh na tíortha saibhre níos saibhre fós *agus* nach raibh an dea-thoradh céanna sna tíortha neamhfhorbartha mar ba lú tábhacht a bhain le hamhábhair do na mórthionscail nua.

Dá bhrí sin tá deighilt chasta thragóideach sa domhan inniu. Ar thaobh amháin, cuid den chine daonna atá tar éis teacht trí réabhlóid an nua-aoiseachais agus atá níos saibhre dá bharr. Ar an taobh eile, an chuid is mó den chine daonna nach bhfaca réabhlóid í mar sin. Tá an bhearna idir saibhir agus daibhir ag méadú dá bharr. Tá fadhbanna breise san Oirthear de bharr na haimsire, easpa foinsí fuinnimh, agus mar nár tharla réabhlóid eolaíochta fiú san India ná sa tSín cé go raibh sibhialtachtaí saibhre forbartha iontu. Tá fadhbanna breise i dtíortha áirithe, mar shampla san India agus i Meiriceá Theas, ina bhfuil méadú níos mó ar an daonra ná ar an eacnamaíocht, a bhfuil gá iontu le coigilteas i gcomhair infheistíochta ach conas a dhéanfar sin má tá an-chuid daoine beo bocht?

An réiteach a mhol sí ná straitéis fhadtéarmach shamhlaíoch sa "domhan saor" le cúnamh eacnamaíochta a thabhairt do na tíortha neamhfhorbartha – molann sí 1% den ioncam náisiúnta. Tráchtann sí ar pholasaithe an Iarthair i leith tíortha neamhfhorbartha, agus a lochtanna: contrártha, neamhleor, gan bheith buanseasmhach. In ionad cúram a ghlacadh as tionchar na gceithre réabhlóid thuasluaite ar an tríú domhan, is cosúil go bhfuil tíortha an Iarthair sámh agus sásta lena saibhreas féin.

Chomh maith le dea-thionchar riarthóirí áirithe impiriúla, luann sí na misinéirí. Ní raibh spiorad tuisceana ná oscailteacht do chultúir éagsúla ag a lan díobh, faraor. Cuimhnigh gur scríobhadh é seo roimh Vatacáin II. Dá mba rud é go raibh níos mó misinéirí a raibh comhbhá acu, ar nós Matteo Ricci S.J. sa tSín, cá bhfios an dea-thionchar a bheadh acu. Ach bhí tionchar ag an gCríostaíocht ar cheannairí móra mar Gandhi mar shampla.

Mar réiteach ar fhadhbanna na cruinne (i 1962), chonacthas di gur ghá pobal le haidhm mhorálta a thógáil. Tá gá le hacmhainní creideimh is físe freisin – an bhfuil siad againn? Tá dúshlán ann dár n-intinn is dár spiorad. Ní mór tuiscint ar chothromaíocht a leathnú. Shíolraigh sé sin as tuiscint san Iarthar gurb ionann gach duine os comhair Dé. Má chreidimid in ionannas an duine mar bhunfhíric mhórálta, an mbeimid sásta go bhfuil daoine ocrach, ag fulaingt ó ghorta agus ó dhrochshláinte, nuair atá cumas againne a gcás a leigheas. Más é sin a thuigimid le cothromaíocht, táimid ag séanadh ár gcreidimh.

Chomh maith leis sin, ní hionann suim i nithe saolta agus ábharachas – tá léargas reiligiúnach mar dhlúthchuid de. D'fhéach Dia ar an domhan agus cheap sé go raibh sé go maith. An Dia Críostaí a d'ordaigh dá dheisceabail bia a thabhairt don ocrach agus an duine breoite a leigheas, thug sé a bheannacht do nithe saolta. An fáidh mé don tslí bheatha shaor más cuma liom amach is amach faoi chás an té a thit i measc robálaithe, an té ar chabhraigh an Samárach Maith leis nuair a shiúil daoine eile thairis?

Mura bhfuil "saoirse ghlórmhar Mhac Dé" ar an bhfís is mó againn, ní mhairfidh ár sochaí.

Space Ship Earth

(bunaithe ar *Pegram Lectures*, *Brookhaven National Laboratory*, Ollscoil Columbia, agus foilsithe i 1966).

Pléann Barbara Ward an cheist anseo an stiúrann eolaíocht agus teicneolaíocht nua-aimseartha sinn i dtreo pobail dhomhanda níos comhordaithe. Deir sí go bhfuil trí mhórdhíréireacht ann – díréireacht chumhachta, mhaoine agus idé-eolaíochta – mar bhacanna romhainn nuair a bhímid ag iarraidh forais fheidhmiúla dhomhanda a chur ar bun. Tá idirspleáchas agus comhphobal i ndán don chine daonna; táimid mar a bheadh foireann i spásárthach. Is é atá ar iarraidh ná dlíthe réasúnta iompair, tríd is tríd. Táimid gann ar chórais a léiríonn ár gcuspóirí morálta agus sóisialta – dualgas, ionannas, dínit, meas, comharsanacht – sa chiall is leithne, is é sin grá bráithreachais.

Cé go raibh sí in aghaidh an chumannachais, thuig sí go raibh pointí fiúntacha i bhfealsúnacht Karl Marx. Bhí tuiscint láidir freagrachta aige ar nós traidisiúnta na nGiúdach. Dála Irimia nó Eizicéil, ní fhéadfadh sé glacadh le haghaidheanna sámha na meánaicme, á móradh féin go raibh siad ag déanamh obair Dé fad is a bhí páistí ag fáil bháis sna muilte cadáis.

Caibidil thábhachtach sa leabhar is ea "Comhordú Idé-eolaíochta". Ó na Giúdaigh a fuaireamar dhá eilimint dhiminiciúla shainiúla i dtraidisiún an Iarthair, mar atá: (1) In ionad timthriall fáis is meatha, feictear stair mar léiriú ar chuspóir diaga – forbairt leanúnach. (2) fís mharthanach na sochaí daonna – críoch le héagothroime agus éagóir. Níl aon chultúr eile ann ina bhfuil tart na córa mar atá sa Ghiúdachas agus i dtraidisiún na bhfáithe.

Na forbairtí tionscail agus teicneolaíochta san Iarthar ón 18ú haois ar aghaidh, bhí siad bunaithe ar shochaí éagothrom ina raibh coigilteas agus maoin i seilbh dornán beag daoine. Léirigh Marx fís eile, bunaithe ar ábharachas, agus le hathrá i dtéarmaí nua ar mhórthraidisiún Giúda-Iartharach na córa sóisialta – cúram na mbocht agus iad siúd atá curtha faoi chois. Do dhaoine a tógadh sa traidisiún Críostaí, tá cosúlachtaí idir cáineadh Marx agus nithe a bhí ar eolas acu. Bhí siad cloiste cheana ó fháithe agus ó naoimh an Iarthair. Cé go raibh Marx ag bunú a fhealsúnachta ar ábharachas aindiaga, tá a chumhacht reiligiúnda go bunúsach agus tógtha ar chreideamh meitifisiciúil i saoirse an duine agus i bhfreagracht.

Tá an scoilt idé-eolaíochta, mar atá an bhearna mhaoine, i dtreo Thuaidh Theas. D'fhéadfaí forbairt agus críoch le bochtanas sa Deisceart, a spreagadh trí chúnamh, thrádáil, chabhair theicniúil, chóras cóir airgeadais – go teoiriciúil! Ach tá bac idé-eolaíochta roimh dhomhan níos feidhmiúla agus níos socra – bac intinne go bunúsach. Tá sé indéanta go mbeidh ár n-acmhainní teicneolaíochta, má úsáidtear i gceart iad, in ann na heasnaimh agus na ganntanais a shárú. Nach féidir linn tuiscint a fháil ar aontas morálta an eispéiris dhaonna, agus é a úsáid mar bhonn do "thírghrá" don domhan féin?

A New Creation?

Machnamh ar an gceist chomhshaoil a foilsíodh i 1973. Ba cheann de shraith bróisiúr é seo a d'fhoilsigh an Coimisiún Pontaifiúil um Cheart is um Shíocháin ag éirí as an doiciméad *Ceart sa Domhan* ó Shionad na nEaspag i 1971. Bhí Barbara Ward ar dhuine de chúntóirí easpaig a bhí ina Leas-Uachtarán ar an gCoimisiúin, agus í ina Rúnaí Speisialta ar an téama úd. I mí na Nollag 1972 stiúraigh sí comhdháil do bhaill Chúirt na Róimhe faoin teideal: *Only One Earth: its future and the responsibility of the Church*. Bhí tuairim is 150 duine i láthair, ina measc, 12 cairdinéal agus scór easpag.

Arís agus arís eile tríd an stair, tháinig claochlú samhlaíochta ar thús le beatha de chineál nua é – Naomh Pól á dhalladh ar an mbóthar go Damaisc, iompú Naomh Agaistín chun an chreidimh de bharr phaidreacha a mháthar, Naomh Proinsias ag baint a chuid éadaí galánta de in Assisi – *metanoia* nó aithrí a bhí iontu sin go léir. 500 bliain ó shin tharla claochlú bunúsach eile i gcúrsaí eolaíochta agus smaointeoireachta le fionnachtain Kopernicus go raibh an ghrian i lár ár gcórais agus narbh é an domhan an lár. Nuair a tionóladh an chéad chomhdháil ar an gComhshaol Daonna ag na Náisiúin Aontaithe i Stócólm i 1972, eisíodh ráiteas ag rá gur braitheadh go raibh siad páirteach i 'Réabhlóid Koperniceach'.

Tharla forbairt ollmhór eolaíochta is teicneolaíochta ach d'fhág siad drochthorthaí, mar shampla eisiltigh ó mhonarchana ceimiceacha, truailliú ar na haigéin le hola, dramhaíl ó mhianaigh, agus araile. Ní mór dúinn eolas eolaíoch a úsáid le cúram agus srianta córa. Ach is iadsan na cáilíochtaí deireanacha a léiríonn ár n-uaillmhianta eacnamaíochta agus ár gcíocras náisiúnta i dtreo cumhachta is teanntáis. Is le cúram, comhthuiscint, comhpholasaithe agus cóimheas amháin a bhainfear réiteach aontaithe domhanda amach.

Ach tá dearcadh níos freagraí ag eolaithe agus innealtóirí le leathchéad bliain anuas nó mar sin. San Aontas Sóivéadach ba é Andrei Sakharov, ceapadóir an bhuama hidrigín, a bhí ar thús cadhnaíochta ar son athmhuintearais agus na comhbheithe sna 1970í. Tá tuiscint níos fearr tagtha i measc an aosa eolaíochta ar idirspléachas na gcóras nádúrtha éagsúil agus ar na disciplíní éagsúla a bhaineann le héiceolaíocht. Tá grúpaí ag lorg dearcadh úr ar Oll-Táirgeadh Náisiúnta agus costas earraí, mar chostas truaillithe a bhaineann lena dtáirgeadh agus ar chostas diúscartha, m.sh. buidéil phlaisteacha. Nach mó an sásamh a thugann crann ag bachlú ná clár mór fógraíochta?

Maoirseacht ar an talamh a thug Dia don duine (féach Geineasas), ní údarás gan srian. Tá ceist an chirt lárnach; is ón mBíobla a thagann tuiscint ar cheart mar réamhchoinníoll agus mar chomhthéacs do chaidreamh ceart idir dhaoine. Féach na fáithe Giúdacha ag glaoch ar neamh i gcomhair díoltais nuair a imrítear leatrom ar aon duine. De réir mar atá fadhbanna nua mar thruailliú, dháileadh maoine agus araile ag cur cheist an chirt os comhair cúrsaí náisiúnta agus idirnáisiúnta, is ea a bhíonn finnéacht chomhaimseartha i leith cirt ar an ngné is tábhachtaí den Chríostaíocht. Maidir le cúrsaí cirt, ní féidir éalú ónár ndualgas Críostaí – féach Dives agus Lazaras, an Samárach Maith, agus parabail eile. Braitheann an Breithiúnas Deireanach ar bhia a thabhairt don ocrach, éadaí don nocht, cuairt ar phríosúnaigh, cúram na n-easlán. Réitíonn prionsabal an tánaisteachais le teagaisc shóisialta Chríostaí. Sa choimhlint idir aireachtáil nua ar theorainneacha flaithis agus seanéilimh an náisiúnachais, is deacair áibhéil a dhéanamh ar an mbéim a chuireann an Eaglais (ó 1950 ar aghaidh) ar an ngá le dul thar an náisiúnstát. Sna himlitreacha mar *Mater et Magistra* agus *Populorum Progressio* , i gcuairteanna Pápúla ar na N.A. agus ag Sionaid na nEaspag, bíonn an Eaglais ag dearbhú nach bhfuil sé indéanta síocháin a bhaint amach gan ionstraimí dlí agus ord domhanda. Más mian linn go leanfadh ár ngrá ar eiseamláir thoil Dé, ní féidir linn mar Chríostaithe grá a thabhairt do níos lú ná an pobal daonna ina iomláine. Is i dtreise atá an fhís ag dul ar toradh díreach ar thoil Dé dá chruthaitheacht is ea dílseacht phláinéadach.

Agus tuiscintí nua faighte againn ón eolaíocht maille leis an eolas atá againn ar uafáis chogaidh nua-aimseartha, d'fhéadfadh go mbeadh spiorad na linne níos báúla leis an bhfís Chríostaí. Ach ní fiú do Chríostaithe a bheith ag caint faoina luachanna má tá a slí bheatha fós i dtuilleamaí saint agus uaillmhian na sochaí comhaimseartha. Rinne Vatacáin II iarracht ar a chur ina luí ar Chríostaithe go raibh dualgas orthu i leith an chirt dhomhanda. Ach is ar gcúl atá cúrsaí imithe le 10 mbliana anuas (i 1973). Ní bhíonn rialtas "iar-Chríostaí" faoi bhrú óna toghthóirí Críostaí beart a dhéanamh chun casadh sa treo ceart. Is féidir le peaca a bheith sáinnithe ar leibhéal rialtais, cumhachta, nó ceardchumainn. Tá sé deacair rogha a dhéanamh ar son caighdeáin mheasartha chun go roinnfear acmhainní orthu siúd atá i ngátar (féach an t-ógfhear saibhir sa Soiscéal).

Is é seo uair na cinniúna don fhinnéacht Chríostaí. Tá a fhios againn, fiú má dhéanaimid iarracht neamhaird a thabhairt orthu, cad iad bunteagaisc an tSoiscéil (féach na Biáide). Éilíonn ceart go roinnfear níos mó den mhaoin shaolta, agus tá fís sheasmhach shimplí agus áthas machnamhach ag Críostaithe chun dul i ngleic leis an riachtanas nua. Tá cumas bunúsach ag an duine cur i gcoinne an dul thar fóir aige féin. Samplaí: Naomh Proinsias agus tráchtálachas; Cumann na gCarad agus saol drabhlásach sa Bhreatain; Wesley agus ólachán. Chuala fáithe Giúdacha Dia ag labhairt i "nguth ciúin" ag iarraidh umhlaíochta, ní íobairtí dóite. An féidir tar éis 400 bliain de spleodar fuinniúil a bhí millteach, go mbeidh spiorad an duine míshocair leis an iomarca, agus go ndéanfar luascadán a chasadh ar ais chuig slite teoranta foighneacha. Ní fios.

A pearsantacht, onóracha a bronnadh uirthi, agus a bás

Deirtear faoi Barbara Ward sa *Dictionary of National Biography* go raibh cnuasach tallann aici ar annamh iad ag duine amháin – óráidíocht, smaointeoireacht, múinteoireacht. Ba dhuine ceolmhar, aoibhinn í a raibh cuimhne an-fhairsing aici. Aithníodh a cumas ina tír dhúchais nuair a ceapadh ina Gobharnóir í ar *Sadler's Wells*, *Old Vic*, agus BBC. Sa bhliain 1974 bronnadh an gradam D.B.E. uirthi agus dhá bhliain níos déanaí rinneadh *Life Peer* di. Bronnadh bonn Albert ón *Royal Society of Arts* uirthi. Fuair sí gradam *Nehru* as tuiscint idirnáisiúnta a léiriú.

Ach ní raibh a saol gan a chros féin. Fuair sí ailse agus cé go raibh cúig mhórobráid aici, mhair sí 25 bliana leis an ngalar. Fuair sí bás ar an lá deireanach de Bhealtaine 1981. Bhí sí tar éis cead a fháil ón bPápa Eoin Pól II go n-adhlacfaí i reilig taobh leis an Eaglais Pharóiste Anglacánach í, agus chuir an Pápa an Cairdinéal Gantin, arb ó Iarthar na hAfraice dó, chuig an tsochraid chun Beannacht Phápúil a thabhairt.

Is le blianta beaga anuas atá glactha ar ardleibhéal san Eaglais le cuid de na hábhair a raibh Barbara ag scríobh fúthu sna 1960í agus 1970í. Bhí an Pápa Eoin XXIII ina cheannródaí lena dhá imlitir mhóra shóisialta agus eacnamaíochta *Mater et Magistra* (1961) agus *Pacem in Terris* (1963). Tá smaointe Ward i dtiúin le Jean Monet agus Robert Schumann, tionscnóirí an Chomhphobail Eorpaigh, ach go raibh sise ag trácht ar scála domhanda. Is dóigh liom go raibh an port céanna aici, a bheag nó a mhór, roimh Dhara Comhairle na Vatacáine agus ina diaidh. Tá cosúlachtaí freisin idir cuid de smaointe Ward agus pointe sa bhunreacht deireanach de Vatacáin II *Gaudium et Spes* a foilsíodh i mí na Nollag 1965. Bean a bhí i bhfad chun cinn ar a comhaoiseanna a bhí in Barbara Ward gan aon agó.

Corrie Ten Boom

1892 – 1983

Ollannach a d'fhulaing géibheann as dídean a thabhairt do Ghiúdaigh; taistealaí don Tiarna.

"Is tú mo chaomhnóir agus mo sciath; cuirim mo dhóchas i do bhriathar" (Salm 119: 114)

Clann chráifeach Chríostaí

Bhí teaghlach Ten Boom lonnaithe in Amsterdam ag deireadh an 19ú haois nuair a rugadh an ceathrar páistí – Willem, Betsie, Nollie, agus Cornelia (Corrie). Déantóir / deisitheoir uaireadóirí ba ea an t-athair, Casper. D'aistrigh an chlann go Harlem, baile nach bhfuil rófhada ó Amsterdam, agus fuair an mháthair bás tar éis stróice i 1918. Bhí siopa uaireadóirí acu i lár an bhaile, gnó a bhunaigh athair Casper in 1837, agus an chlann ina gcónaí i seomraí os cionn an tsiopa. Bhí Willem ina mhinistéir in Eaglais Leasaithe na hOllainne, agus phós seisean agus Nollie. D'fhan Betsie, nach raibh i mbarr a sláinte riamh, sa bhaile agus ar ball chabhraigh sise agus Corrie leis an athair sa ghnó.

Gach maidin ag 8.30 a.m. stiúradh Casper Ten Boom léitheoireacht Scrioptúir don chlann agus don triúr fostaithe a d'oibríodh sa siopa. Agus sa tráthnóna thart ar a naoi a chlog, bhíodh paidreacha an teaghlaigh á rá aige. Nuair a bhí Corrie ina bean óg, thosaigh sí clubanna do chailíní idir 12 agus 18 mbliana d'aois. Chomh maith le gleacaíocht, campáil, agus ceol, bhíodh sí ag múineadh dóibh faoi ghrá Dé agus gurbh fhéidir iompú Chuige in urnaí am ar bith. Ina theannta sin, bhí sí i mbun club do dhaoine óga le míchumas meabhrach, agus fuair sí amach gur thuig cuid mhaith díobhsan nuair a labhair sí leo faoi ghrá Dé. Lean Corrie leis na clubanna sin ar feadh beagnach fiche bliain; i mblianta an Chogaidh a bhí le teacht, fuair a lán de na cailíní tacaíocht ón chreideamh a d'fhoghlaim siad uaithi. Bhí Corrie tar éis dhá bhliain a chaitheamh ag staidéar i scoil bhíobalta.

Bhuail Corrie sa bhaile le Karel, fear a bhí ina chara le Willem san Ollscoil i Leiden. Ní raibh sí ach ceithre bliana déag ag an am, ach bhuail siad le chéile arís, agus ag pósadh Willem díreach i ndiaidh a oirnithe, bhuail siad le chéile arís eile. Thit Corrie i ngrá le Karel, ach thug a deartháir rabhadh di go raibh rún daingean ag muintir Karel go bpósfadh sé cailín a bhí go maith as. B'fhíor dó mar tamall níos déanaí thug an t-ógfhear sin cuairt ar mhuintir Ten Boom agus *fiancé* in éineacht leis. Bhí Corrie croíbhriste, ach thug a hathair comhairle di faoi ghlacadh le toil Dé agus bealach eile grá a lorg. I dtuairisc eile, deirtear gur réice é Karel. Ach, ar aon nós, ní raibh aon ghrá geal (daonna) i saol Corrie feasta.

Ag tabhairt dídine do Ghiúdaigh

Bhí meas riamh ag muintir Ten Boom ar na Giúdaigh – cine tofa Dé. Nuair a thosaigh an Dara Cogadh Domhanda agus nuair ab éigean don Ísiltír géilleadh do na Gearmánaigh tar éis cúig lá troda, níorbh fhada gur tharla géarleanúint ar Ghiúdaigh. Lá amháin nuair a bhí Corrie agus a hathair ag siúl ar an mbaile, tháinig siad go dtí an *Grote Markt*, mar a raibh líne póilíní agus saighdiúirí ag coimeád daoine lasmuigh de; chonaic siad leoraí a raibh fir, mná, is páistí ag dreapadh isteach ann, agus iad go léir ag caitheamh Réalta (Bhuí) Dháithí. Scairt Corrie amach: "Ó, na daoine bochta!", agus d'fhreagair Casper: "Na daoine bochta sin" ach bhí sé ag féachaint ar na saighdiúirí Gearmánacha; dúirt sé ansin le Corrie "tá trua agam do na Gearmánaigh, tá siad tar éis lámh a leagan ar an gcine is ansa le Dia".

Lá i Samhain 1941, bhris saighdiúirí isteach i siopa fionnaidh ar aghaidh an bhóthair ón *Beje*, teach Ten Boom. Bhrúigh siad an t-úinéir, Giúdach darbh ainm Weil, amach ar an tsráid fad is a sciob siad na fionnaidh go léir agus chaith siad éadaí an uasail Weil amach ar an tsráid. Chonaic Corrie a raibh tar éis tarlú, rith sí amach agus thug sí Weil isteach don *Beje*. D'fhiafraigh sí de cá raibh a bhean chéile agus d'inis sé di go raibh sí ar cuairt chuig cairde in Amsterdam. Ba léir do mhuintir Ten Boom gurbh éigean teacht i gcabhair ar Weil agus rabhadh a thabhairt dá bhean. Bheartaigh siad go rachadh Corrie ar thraein go Hilversum, áit a raibh a deartháir Willem, a bhí éirithe as obair pharóiste agus é ag stiúradh teach banaltrais. Ní raibh Willem sa bhaile, ach labhair sí lena mhac, Kik, a bhí 22 bhliain d'aois, agus d'inis an scéal dó. Tháinig Kik don *Beje* an oíche chéanna díreach roimh am an chuirfiú, agus thug sé an tUasal Weil leis. Nuair a d'fhiafraigh Corrie de cúpla seachtain níos déanaí cá raibh Weil, dúirt sé léi "má tá tú le bheith ag obair leis an ngluaiseacht rúnda, ní mór duit staonadh ó cheisteanna a chur".

De réir mar a bhí an ghéarleanúint ag dul in olcas, tháinig Giúdaigh eile – duine ar dhuine nó beirt ar bheirt – chuig an *Beje* ag lorg dídine agus cuireadh fáilte rompu go léir. Bhí go leor seomraí spártha sa seanteach ard caol ach bhí fadhb bhunúsach amháin ann – níorbh fhéidir bia a cheannach gan cárta ciondála. Labhair Corrie le Fred, fear a mbíodh iníon leis i gceann de na clubanna do chailíní, agus a raibh sé féin ag obair san oifig ag dáileadh na gcártaí ciondála. Shocraigh seisean agus fear eile ar an oifig a robáil, agus cúpla lá níos déanaí bhuail Corrie le Fred agus bhí beart cártaí aige di.

Trí chabhair ó ailtire a bhí ag obair sa ghluaiseacht rúnda, rinneadh dídean bheag cheilte as cuid de sheomra leapa Corrie ar bharr an tí. Faoin am sin, bhíodh an Gestapo ag tabhairt ruathair ar thithe go minic ar thóir na nGiúdach agus oibritheoirí sa ghluaiseacht rúnda. Bhíodh ceathrar Giúdach ag fanacht go rialta le muintir Ten Boom agus roinnt daoine eile ó am go ham. Bhí nós imeachta socraithe acu, agus cleachtadh déanta air, nuair a chloisfí an córas rabhaidh a d'oibrítí le brú ar chnaipe sa siopa, go mbrostódh na "haíonna" isteach sa dídean bheag laistigh de nóiméad amháin. Lean cúrsaí ar aghaidh slán ar feadh tréimhse, ach bhí sé rí-dheacair oibríochtaí mar sin a choimeád sa siúl i ngan fhios do chomharsana agus do dhaoine eile. Bhí Ollannaigh áirithe ag comhoibriú leis na Gearmánaigh, agus sa deireadh sceitheadh orthu.

Ansin i bhFeabhra 1944 tháinig lá na cinniúna. Maidin amháin bhí Corrie sa leaba le fliú nuair a oibríodh an córas rabhaidh. Rith an seisear aíonna (Giúdaigh agus Ollannaigh) a bhí sa teach ag an am isteach go seomra Corrie, tríd an bpainéal a bhí thíos faoi sheilf agus isteach sa seomra rúnda. Níorbh fhada gur rith gníomhaire Gestapo isteach ina seomra agus brúdh síos staighre í mar a raibh a hathair, a deirfiúr Betsie, Toos (oibrí sa siopa) agus triúr oibrithe sa ghluaiseacht rúnda a bhí díreach tagtha don *Beje*, agus iad go léir faoi gharda armtha. Bhí tuairim faighte ag na Gearmánaigh go raibh Corrie ina ceannaire ar an oibríocht; tugadh chuig seomra ar chúl an tí í agus ceistíodh í. Nuair a fiafraíodh di: "cá bhfuil na Giúdaigh?", d'fhreagair sí "níl aon Ghiúdaigh anseo" – cé gurbh fhuath léi bréag a insint. Buaileadh í ach níor thug sí eolas ar bith. Tharla an íde chéanna do Bhetsie.

Tar éis don Gestapo an teach a chuardach ó bhun go barr agus gur theip orthu an seomra rúnda a aimsiú, chinn siad ar gach duine ann a thabhairt go stáisiún na bpóilíní a bhí in aice láimhe. Chomh maith le Casper, Betsie, agus Corrie, tharla go raibh Willem sa teach an mhaidin sin ag stiúradh seirbhís phaidreoireachta ag a raibh a dheirfiúr Nollie agus a mac siúd Peter; 35 dhuine a gabhadh san iomlán. An chéad oíche i stáisiún na bpóilíní, threoraigh Casper Ten Boom paidreacha mar ba ghnáth leis. Toisc gur aimsigh an Gestapo cártaí ciondála a goideadh sa *Beje*, cuireadh sa phríosún iad go léir. Níorbh fhada gur saoradh Nollie agus cuid den ghrúpa eile a gabhadh sa teach.

D'éirigh le Nollie cúpla seachtain níos déanaí pacáiste a chur don phríosún chuig Corrie. Bhí geansaí, tuáille, vitimíní, agus nithe eile a bhí tábhachtach do phríosúnaigh, ann – ach an rud ba mhó ar fad, thug Corrie faoi deara nod ón scríbhneoireacht ar an bpáipéar clúdaithe go raibh rud scríofa faoin stampa. Nuair a d'éirigh léi an stampa a bhaint, bhí an dea-scéal (i bhfocail cheilte) go raibh na Giúdaigh sa seomra rúnda slán – mhair triúr díobh go dtí tar éis an chogaidh! De réir tuairisce, d'éirigh le muintir Ten Boom agus a gcairde beathaí 800 Giúdach a shábháil!

Príosúin ó Scheveningen go Ravensbrück

Tugadh Corrie, Betsie, agus a n-athair, go príosún in Scheveningen, baile in aice leis an Háig. Agus é á cheistiú i gceanncheathrú an Gestapo sa Háig, dúirt an fear ceannais le Casper (a bhí 84 bliain d'aois): "ba mhaith liom tú a chur abhaile, a sheanfhir, má thugann tú d'fhocal nach mbeidh tú trioblóideach a thuilleadh". D'"fhreagair sé: "má théim abhaile inniu, osclóidh mé mo dhoras amárach d'aon fhear a thagann agus atá i ngátar". Níor mhair sé ach 10 lá sa phríosún. Cé gur saoradh Willem go luath fuair sé galrú i ngéibheann agus d'éag sé go gairid tar éis an Chogaidh. Cuireadh nia le Corrie, darbh ainm Christian, go Bergen-Belsen agus fuair sé bás ann.

Tar éis tamaill in Scheveningen, tugadh Betsie agus Corrie, i measc scata eile, go campa oibre i ndeisceart na hOllainne. Ansin bhí ar Corrie oibriú i monarcha an chomhlachta Philips ag cur raidiónna le chéile – obair a d'oir di lena taithí ar dhéanamh uaireadóirí, ach rinne sí botúin d'aon ghnó mar ba d'eitleáin an Luftwaffe na raidiónna. Toisc go raibh Betsie lag, tugadh obair fuála di. Tháinig scéal chuici lá amháin ó bhan-phríosúnach nua faoi cérbh é an fear a sceith orthu don Gestapo; tháinig fuath i gcroí Corrie don fhear sin ach thosaigh Betsie ag guí air, agus ar ball, mhaith Corrie dó freisin.

Chaith siad 10 seachtaine sa champa oibre agus lá amháin i Meán Fómhair 1944 chuala siad urchair á scaoileadh i gcampa na bhfear a bhí taobh leo – lámhachadh 700 díobh an lá sin. An mhaidin dár gcionn, glaodh ar na mná ag 6 ar maidin., dúradh leo a gcuid earraí pearsanta a bhailiú, tugadh blaincéad an duine dóibh, agus máirseáladh amach ón gcampa iad go stáisiún traenach. Bhí traein lastais ina seasamh ann agus brúdh na príosúnaigh go léir, idir fhir is mhná, isteach i vaigíní. Bhí suas le 80 bean i vaigín amháin, plódaithe ann sa tslí is nárbh fhéidir ach luí nó suí ar bharr duine eile. Bhí easpa aeir sa vaigín ach d'éirigh leo poill a dhéanamh sna ballaí. Chaith siad trí lá agus trí oíche sa traein phlódaithe sin – anois is arís stopadh sí, oscaíodh an doras agus thugtaí buicéad uisce isteach. Sa deireadh, shroich siad ceann scríbe – campa míchlúiteach Ravensbrück, a bhí suite ó thuaidh de Bheirlín.

San áit uafásach sin a coimeádadh de lá is d'oíche i dtosach iad, amuigh faoin aer fiú nuair a bhí sé ag cur báistí. Ar an tríú hoíche ann dóibh, ordaíodh dóibh dul go foirgneamh a bhí mar ionad próiseála. Ansin b'éigean dóibh na hearraí pearsanta go léir a bhí acu a charnadh os comhair oifigigh, ansin a gcuid éadaí go léir a bhaint agus siúl lomnocht thar ghardaí den SS isteach sa seomra folctha. Nuair a chonaic Corrie cad a bhí rompu, chuimhnigh sí go raibh gá aici le geansaí agus buidéal ola vitimíní do Bhetsie (nach raibh ar fónamh) agus leis an mBíobla beag bídeach a raibh Nollie tar éis a thabhairt di agus a bhíodh á iompar aici faoina gúna i gcónaí. Bhí uirthi smaoineamh go tapa ar sheift agus d'iarr cead ó oifigeach dul don leithreas i dteannta Betsie. Dúradh léi dul isteach sa seomra ceatha agus na poill draenála a úsáid; chonaic sí carn de sheanbhinsí ann i gcúinne agus chuir sí na rudaí sin a bhí luachmhar di i bhfolach ansin. Tamall gearr ina dhiaidh sin, bhí an bheirt deirfiúracha ar ais lena ngrúpa. Tar éis dóibh cith fuar a ghlacadh, bhí na mná ag cur gúnaí éatroma príosúin orthu féin. Ghlac Corrie an deis an Bíobla (ar a raibh téad chun é a chrocadh) agus na rudaí eile a athghabháil. Ar an mbealach amach, cuardaíodh gach príosúnach ach, tar éis di an Tiarna a ghuí, scaoil na gardaí Corrie tharstu slán.

Ar aghaidh leo ansin chuig Beairic 8 a bhí plódaithe sa tslí is go raibh cúigear ban i ngach leaba! Sula i bhfad thosaigh Corrie agus Betsie ag stiúradh ranganna staidéir ar an mBíobla istoíche ann – faoi cheilt dar ndóigh. Leathnaigh an scéal sa champa gurbh ait an áit í Beairic 8 – "áit ina raibh dóchas ag daoine"!

Saol an-chrua a bhí acu in Ravensbrück. Ag 4.30 ar maidin sa dorchadas agus san fhuacht, b'éigean dóibh a bheith ar aire i línte chun go nglaofaí an rolla. Aistríodh chuig Beairic eile iad i mí Dheireadh Fómhair, mar a raibh seilfeanna fada, 3 cinn in airde ar a chéile, mar áiteanna codlata acu. Tuí a bhí ag clúdach na seilfeanna agus níorbh fhada go bhfuair siad amach go raibh an tuí lán le dreancaidí. Bhí Corrie in ísle brí ann i dtosach ach chuir Betsie i gcuimhne di sliocht a bhí siad tar éis a léamh in I Teasalónaigh, Caibidil 5: "Leanaigí ag spreagadh a chéile agus ag treisiú le chéile" (v.1); "Féachaigí chuige nach ndéanfaidh aon duine agaibh an t-olc in aghaidh an oilc" (v.5); Bíodh lúcháir oraibh i gcónaí, bígí ag gabháil buíochais as gach ní" (v.16). Bhí 1400 bean sa suanlios sin agus thosaíodh argóintí agus aighnis eatarthu go minic. Ach bhíodh Betsie ag guí go rialta, agus bhíodh Corrie ag aistriú sleachta ón mBíobla ó Ollainnis go Gearmáinis, agus daoine ag aistriú go Polainnis agus teangacha eile.

Cuireadh an bheirt deirfiúracha ag obair i monarcha Siemens a bhí suite 1.5 míle lasmuigh den champa. Bhíodh na mílte ag máirseáil faoi gharda ansin chun lá oibre 11 uair a chur isteach. Obair chrua fhisiciúil a bhí le déanamh acu – cláir throma chruacha a chur ar chairteacha agus iad a bhrú ar aghaidh agus a dhíluchtú. Ba bheag bia a bhí á fháil acu. Am éigin ann, thug garda léasadh do Bhetsie as gan a bheith ag obair crua go leor. I gcásanna mar sin, bhíodh sí ag guí ar na gardaí, chomh maith le bheith ag guí ar na príosúnaigh. Bhí Betsie tar éis foghlaim óna hathair faoi ghrá a thabhairt do chách agus faoi mhaithiúnas, agus d'fhoghlaim Corrie uaithi agus ó fhocail Chríost sna scrioptúir.

D'éirigh Betsie lag agus aistríodh chuig foireann cniotála í. Faoi Shamhain 1944 bhí sí chomh lag gur cuireadh chuig ospidéal an phríosúin í . Ba bheag cóir leighis a bhíodh ar fáil dóibh ansin, agus tar éis tamaill ghearr, d'éag sí ag aois 59 bliain. Go gairid roimhe sin, d'inis Betsie do Corrie go raibh fís aici faoin obair a chaithfidís a dhéanamh tar éis a saortha ó Ravensbrück: "Ní mór dúinn a insint do dhaoine cad a d'fhoghlaimíomar anseo – níl aon chlais chomh domhain nach bhfuil Dia níos doimhne fós". Agus san fhís, chonaic sí foirgnimh a chuirfí ar fáil dóibh.

Saoirse, agus tús le hobair athshlánaithe is athmhuintearais

Seachtain tar éis bhás Betsie, nuair a bhí siad ar pharáid na maidine moiche, ghlaoigh garda "uimhir 66730" (b'in í uimhir Corrie – ní úsáidtí ainmneacha) agus dúradh léi seasamh i leataobh. Nuair a scoradh an pharáid, treoraíodh Corrie chuig foirgneamh riaracháin agus tugadh cárta di ar a raibh focal stampáilte: *entlassen* (= saoradh)! Tugadh chuig barda ar leith san ospidéal í mar go raibh a cosa ataithe, agus tar éis seachtaine ansin, bhí siad sásta í a scaoileadh amach. Ar Lá Caille 1945 tugadh éadaí, cártaí ciondála do thrí lá, airgead Ollannach, agus ticéad traenach di. De réir dealraimh, ba thrí bhotún riaracháin a saoradh í, agus seachtain níos déanaí bhí na mná go léir ar comhaois léi (bhí sí 52 ag an am) á gcur chun báis.

Tar éis turais fhada achrannaigh ar thraenacha éagsúla, shroich sí Groningen san Ísiltír. Bhí an t-ádh léi go raibh ospidéal ansin agus tugadh aire mhaith di. D'fhiafraigh banaltra di cá raibh a triall agus nuair a d'fhreagair sí Harlem, dúirt an banaltra: "an bhfuil aithne agat ar Corrie Ten Boom ansin?" Cailín a bhíodh i gceann de na clubanna a bhíodh á stiúradh ag Corrie a bhí sa bhanaltra agus níor aithin sí í, bhí cuma chomh seanchaite, tanaí, uirthi.

Tar éis deich lá ag teacht chuici féin san ospidéal, d'éirigh léi dul go Hilversum agus chuig a deartháir Willem a bhí an-bhreoite – thuig sí go raibh sé ag fáil bháis. Chaith sí coicís ansin agus lena chabhair thaistil sí go Harlem (bhí cosc ar ghnáth-dhaoine taisteal). Chuir a deirfiúr Nollie fáilte roimpi ag an *Beje*, a bhí folamh ag an am – bhí teaghlaigh gan tithe ag fáil dídine ann tamall. Chuaigh Corrie ar ais ag obair sa ghnó uaireadóra tamaillín ach ní raibh sí sásta leis. Thosaigh sí ag tabhairt cainteanna in eaglaisí, i gclubanna agus i dtithe faoina raibh foghlamtha ag Betsie agus í féin in Ravensbrück maidir le grásta Dé. Ag cruinniú amháin tháinig bean dhea-ghléasta den uasaicme chuici; bhí súilaithne ag Corrie uirthi agus a fhios aici go raibh cónaí uirthi i bhfo-bhaile álainn. Labhair an bhean léi agus dúirt sí le Corrie, dá dtiocfadh mac léi a bhí gafa sa Ghearmáin slán abhaile, go dtabharfadh sí a teach di chun fís Betsie a fhíoradh!

Sula i bhfad tháinig an dea-scéal go raibh an mac slán agus go raibh an teach ar fáil d'obair athshlánaithe. Bhí ríméad ar Corrie nuair a chuaigh sí ann agus go bhfaca sí teach mór le 56 sheomra suite ina chuid tailte féin. Thosaigh Corrie ar obair athshlánaithe d'iar-phríosúnaigh ann gan mhoill. Ó mhí Mheithimh 1945 tugadh dídean do na céadta sa teach álainn sin in Bloemendaal. Bhídís saor chun teacht nó imeacht mar ba mhian leo, agus bhí gairneoireacht mar theiripe dóibh. Theastaigh uaithi freisin cabhrú leis na hOllannaigh sin a d'oibrigh do na Gearmánaigh san eagras *quisling* (tréatúirí) N.S.B. agus a raibh an pobal i gcoitinne naimhdeach dóibh anois. Ach bhí sé róluath iad a thabhairt go Bloemendaal mar bheadh doicheall ag na hiarphríosúnaigh roimh na hiar-bhaill den N.S.B.; ba é a rinne Corrie ná an *Beje* a chur ar fáil do na tréatúirí!

Bhí gá le hairgead do chostais reatha an tí téarnaimh in Bloemendaal agus thosaigh sí ar thurais ag tabhairt cainteanna agus ag bailiú airgid. Bhí sí ag labhairt ag seirbhís eaglasta in München nuair a chonaic sí iar-gharda S.S. a bhí ar dualgas an lá ar tháinig Betsie agus Corrie don ionad próiseála in Ravensbrück. Nuair a bhí daoine ag imeacht, tháinig sé chuici, ghabh sé buíochas léi as an gcaint, agus shín sé a lámh amach chun croitheadh láimhe a thabhairt di. Ní raibh sé inti breith ar a lámh gur iarr sí ar an Tiarna a mhaithiúnas a thabhairt di; nuair a rug Corrie greim ar láimh an fhir, bhraith sí grá dá namhaid ag líonadh a croí.

Theastaigh uaithi cabhrú le daoine eile chomh maith – na Gearmánaigh ina measc, agus dúradh go raibh 9 milliún díobh gan tithe ag an am. Bhí céad teaghlach ag cur fúthu i monarcha thréigthe; fad is a bhí Corrie ag fanacht leo siúd, tháinig fear ó eagras fóirithinte chuici. Bhí sé tar éis cloisteáil faoina cuid oibre, agus dúirt sé go raibh áit aimsithe aige di – iar-shluachampa géibhinn ag Darmstadt. Chuaigh Corrie in éineacht leis chun súil a chaitheamh air, agus cheap sí go raibh sé oiriúnach ach an tsreang dheilgneach go léir a bhaint anuas, boscaí bláthanna a chur ar na fuinneoga, agus an áit a phéinteáil go geal. Mar sin, thosaigh an dara cuid d'fhís Betsie! Bhí slí do 160 teifeach sa champa sin agus thosaigh Corrie i dteannta le grúpaí ón Eaglais Liútarach ag freastal orthu. Níorbh fhada go raibh an campa lán agus liosta feithimh daoine ag lorg áite ann.

Taistealaí don Tiarna

Ag aois 53, thosaigh Corrie ar mhinistreacht mhór eile ina saol, obair a leanfadh ar feadh beagnach 30 bliain – ag taisteal mar fhinné do ghrá Dé agus ag dearbhú go dtugann Dia grá dúinn chun ár naimhde a mhaitheamh. Ní raibh sé i bhfad i ndiaidh an chogaidh nuair a bhraith sí an ghairm dul go Meiriceá. Ar long lastais a sheol sí an t-am sin, ach sna blianta a bhí roimpi, thimpeallaigh sí an domhan in eitleáin níos mó ná uair amháin ag tabhairt cuairte ar bhreis is 60 tír.

Ar an gcéad turas sin, ní raibh mórán airgid aici agus d'fhan sí i mbrú de chuid YWCA ar feadh seachtaine. Ní raibh a cuid Béarla rómhaith ag an am ach bhí seoladh aici do chomhthionól Giúdaí-Ghearmánach agus labhair sí leo. Bean a chuala ag caint í a thug cuireadh di chuig a teach agus d'fhan sí léi ar feadh cúig seachtaine. I dtosach ní raibh aithne aici ar dhaoine i Nua-Eabhrac, ach trí mhinistéir Ollannach ann bhuail sí le heagarthóir ar iris Chríostaí. Thóg seisean cóip de cheann dá léachtaí uaithi le foilsiú ach ní raibh ar a chumas aon íocaíocht a thabhairt. De réir a chéile, leathnaigh a cáil ar fud na Stát Aontaithe, agus fuair sí go leor cuirí chun í a choimeád gnóthach ar feadh 10 mí.

Ba nuair a d'fhill sí ar an Ísiltír a fuair sí an ghairm dul don Ghearmáin chun tosú ar obair athmhuintearais (B'shin i 1946). Ina dhiaidh sin lean sí ag taisteal san Eoraip agus ar fud an domhain. Go minic bhíodh compánach aici – an Bráthair Aindriú i dtosach, ansin bean óg óna tír féin darbh ainm Conny (nó gur phós sise), agus ina diaidh Ollannach mná eile Ellen de Kroon. Ba í Conny a bhí ina teannta i Meiriceá nuair a scríobhadh leabhar faoina saol féin agus faoi shaol a clainne san Ísiltír agus in Ravensbrück. Conny a chlóscríobh é.

The Hiding Place ba theideal den leabhar a foilsíodh i 1971 leis na comhúdair John agus Elizabeth Sherrill. Rinneadh scannán de ar ball.

Nuair a bhí Corrie ar thurais san Afraic thug sí cuairteanna ar phríosúin agus labhair sí le príosúnaigh faoi mhaithiúnas, ag tagairt dá taithí féin maidir leis an ngarda ó Ravensbrück. Ar ócáid amháin, labhair sí le príosúnach a bhí faoi bhreith báis. Dúirt sí leis gurb é Íosa a chuir ar a cumas maithiúnas a thabhairt. Tar éis imeacht ón bpríosún sin di, chuala sí gur scríobh an príosúnach sin dá bhean chéile ag rá: "ná bíodh fuath agat do na daoine a chuir anseo mé agus atá chun mé a chur chun báis; gráigh iad, maith dóibh … Is féidir é a dhéanamh má bhíonn Íosa ionainn". Uair eile, thug sí cuairt ar phríosún i Ruanda a bhí ar cheann de na háiteanna ba dhuairce dá bhfaca sí riamh. Bhí éadóchas le feiceáil ar aghaidheanna na bhfear a bhí ina suí ar thalamh fliuch i gclós an phríosúin. Bhí ag teip ar Corrie smaoineamh ar conas a déarfadh sí focail a chabhródh leis na fir sin nuair a tháinig ionspioráid chuici i bhfocail ó Gal. 15:22: "Is é toradh a thugann an Spiorad uaidh, áfach, grá, lúcháir, síocháin…" D'inis sí scéal faoi pharáid na maidine ag 4.30a.m. in Ravensbrück nuair a bhí garda baineann ag bagairt le fuip ar bhean a bhí tar éis titim as a seasamh, agus díreach ag nóiméad sin na feirge agus an fhuatha, thosaigh fuiseog ag canadh go binn go hard sa spéir. Lean an fhuiseog ag canadh ag an tráth sin ar feadh trí seachtaine agus chuir sí grá agus lúcháir Dé in iúl dóibh. Chonaic sí ansin i Ruanda lúcháir ar aghaidheanna na bpríosúnach, agus nuair a bhí sí ag imeacht, ghlaoigh siad ina diaidh: "A sheanbhean, fill orainn agus inis dúinn a thuilleadh faoi Íosa".

Ar ócáid eile, bhí Corrie in éineacht lena compánach Conny ag *Checkpoint Charlie* i mBeirlín agus iad ar a mbealach chuig grúpa Críostaithe in oirthear na cathrach. Stopadh ag oifig teorann iad agus nuair a cuardaíodh a málaí fuair siad dhá leabhar – ceann a scríobh Corrie féin agus a foilsíodh sa Ghearmáin agus leabhar le Billy Graham (soiscéalaí Meiriceánach) *Peace with God* a aistríodh go Gearmáinis. Chonaic an t-oifigeach an dara leabhar agus thosaigh sé ag tabhairt amach faoin údar ar ar thug sé: "Meaisín-ghunna Dé". Dúirt Corrie leis mura raibh sé chun ceadú di an leabhar sin a thabhairt léi go hOirthear Bheirlín, go mbronnfadh sí air é. D'fhiafraigh sí den oifigeach ar léigh sé an Bíobla riamh agus d'fhreagair sé: "níor léigh, is Marxach mé". Fad is a bhí bean san oifig ag clóscríobh tuairisce faoi Corrie, lean sí uirthi ag insint conas a mhúineann an Bíobla dúinn freagraí (trí Íosa) ar dhá mhórfhadhb an chine dhaonna – an peaca agus an bás. Sa deireadh agus an tuairisc clóscríofa, thug an t-oifigeach chuig a cheannaire í agus tháinig ar ais le scéal go gceadófaí don bheirt bhan dul isteach go Beirlín Thoir. Thóg sé leabhar Billy Graham ó Corrie agus thug sé a leabhar féin don chlóscríobhaí. Ghabh sé leithscéal léi as an moill agus dúirt: "An méid a bhí á dhéanamh againn anseo ba thábhachtaí é ná do chuairt ar do chairde"!

Lean Corrie ag taisteal an domhain – bliain amháin labhair sí ag 250 cruinniú laistigh de ráithe i 10 dtír sa Chian-Oirthear! Sa deireadh thosaigh an tsláinte ag imirt uirthi, agus chomhairligh dochtúir di bliain shabóideach a ghlacadh. Thosaigh pianta croí ag goilliúint uirthi ach níor stop sí den taisteal ná de bheith ag labhairt mar fhínné Chríost go raibh sí os cionn ceithre scór bliain. Scríobh sí, le cabhair ó dhaoine éagsúla, thart ar ocht leabhar. Faoin am ar bhuail stróc í, bhí sí tar éis socrú síos sna Stáit Aontaithe mar a raibh a lán cairde aici.

Fuair sí mórán aitheantais as a saothar. Bhronn Banríon na hÍsiltíre ridireacht uirthi. D'iarr Músaem an Uileloscaidh in Iarúsailéim uirthi crann a chur in *Ascaill na nGintlithe Fíréanta*. Tá músaem déanta as teach Ten Boom an *Beje* anois. Ghlaoigh Dia Corrie chuige féin ar an 15 Aibreán 1983, a 91ú lá breithe – de réir thraidisiún na nGiúdach, is pribhléid ar leith é bás a fháil cothrom do lá breithe. Pribhléid é a thugtar do dhaoine beannaithe amháin!

Helder Cámara

1909- 1999

Ardeaspag, tréadaí na mbocht, fógróir saghas nua eaglaise

"Glaoigh amach in ard do chinn.
Taispeáin do mo phobal a gcoireanna" (Íseáia 58: 1)

An buachaill agus a mhuintir

Rugadh Helder Pessoa Cámara i Fortaleza, príomh-chathair stáit Ceará in Oirthuaisceart na Brasaíle an 7 Feabhra 1909. Ba é an dara duine dhéag é de chlann trí dhuine dhéag a rugadh do chlann den mheánaicme a bhí ar bheagán maoine. Leabharchoimeádaí ba ea an t-athair a d'oibrigh do chomhlacht trádála a raibh Giúdach Francach i gceannas air. Bunmhúinteoir a bhí ina mháthair a bhíodh ag múineadh ranganna i seomra mór ina teach féin. Toisc nach raibh dóthain scoileanna ann d'íocadh an rialtas liúntas (chomh maith le tuarastal) mar chúiteamh i leith cuid de chíos an tí leo. Fuair cúigear de na páistí bás in eipidéim tochtáin. In agallamh a thug sé i 1975/6 d'iriseoir ó Pháras, a foilsíodh mar leabhar dar teideal (sa leagan Béarla) *The Conversations of a Bishop*, ghabh sé buíochas don Tiarna as máthair a thabhairt dó a mhúin ní hamháin gnáthábhair scoile ach dearcadh saoil. In ionad a bheith ag cur béime ar pheacaí (go háirithe, peacaí gnéasúla), chothaigh sí an dearcadh gur sinn go léir créatúirí Dé agus gur ó Dhia ár gcorp.

Maidir leis an athair, b'ait an rud é, i bhfianaise na gairme cráifí a lean Helder, gur mháisiún é, mar a bhí a athair siúd agus a dheartháireacha freisin. Is cosúil gur dearcadh frithchléireach a bhí aige ach nach raibh sé frith-Chríostaí. Bhí scrín bheag sa teach acu le híomhánna de Chríost Céasta, de Mhuire, agus de Phroinsias Assisi. Gach lá i rith mhí Bealtaine ghlaodh an t-athair an chlann le chéile agus deireadh sé an Paidrín agus chanadh sé Liodán na Maighdine Muire. Nuair a bhí Helder ina bhuachaill óg, nocht sé a rún gur mhaith leis a bheith ina shagart. Labhair a athair leis faoin tsagartóireacht: "ní féidir bheith i do shagart agus bheith leithleach"; "ag dáileadh na hEocairiste bíonn an sagart ag láimhseáil Chorp Chríost féin". Nuair a dúirt an mac gurb é a mhian bheith ina shagart mar sin, thug an t-athair a bheannacht dó. Ba í an Fhraincis an teanga Eorpach ba mhó a bhí ar eolas (seachas Portaingéilis, dar ndóigh) ag daoine oilte in Fortaleza i dtús an 20ú aois. B'iriseoir páirtaimseartha an t-athair agus d'fhaigheadh sé leabhair agus nuachtáin ón Fhrainc. Mhúin sé Fraincis do Helder agus níos déanaí ina shaol chuaigh údair mar Claudel, Péguy, Saint-Exupéry, agus Teilhard de Chardin i bhfeidhm air.

Chuaigh Helder isteach i gcoláiste sagartóireachta ag aois 14 bliana. Ag an tráth sin thosaíodh buachaillí go minic ag dul chuig coláiste sóisearach fiú níos óige ná sin. Ach bhí beagán Laidine aige a d'fhoghlaim sé óna mháthair. Ní raibh sé d'acmhainn ag a thuismitheoirí ach thart ar leath-tháillí a íoc. Sna coláistí sagartóireachta ar fhreastail sé orthu, ba chlár léinn an-intleachtach a lean siad: litríocht na Gréige agus na Laidine, fealsúnacht, diagacht – ní raibh aon oiliúint i gcomhair oibre tréadaí ná seanmóireachta.

Um an dtaca sin, bhuail Helder le duine de na daoine móra a chuaigh i gcion air. B'shin an tAthair Cicero, sagart a raibh cáil air mar dhuine daonna agus go háirithe mar chara na mbocht. Bhuail Helder leis nuair bhí sé ag bailiú síntiús do nuachtán deoise O *Nordeste*. Dúirt an tAthair Cicero leis go mbíodh an nuachtán sin á ionsaí gan agallamh a chur air riamh, ach toisc dar leis "nár chóir go mbeadh áit i gcroí an Chríostaí, agus sagart go mór mór, do bhraon fuatha ar bith", go dtabharfadh sé tacaíocht dó. Chuimhnigh Cámara ar an gceacht sin i rith a shaoil. Daoine eile a chuaigh i gcion air trína dteagaisc ná Proinsias Assisi, an Cairdinéal Newman, agus Gandhi.

An Sagart agus athruithe polaitiúla is sóisialta

Oirníodh Helder Cámara ina shagart ag aois 22 bhliain agus chaith sé blianta ag obair sa chóras oideachais. D'fhéadfadh go leanfadh sé gnáthshaol iomlán sagairt mar sin. Tráth a bhí páirtithe faisisteacha ag teacht i réim i dtíortha éagsúla san Eoraip, seoladh gluaiseacht fhaisisteach sa Bhrasaíl – Aicsean Slánaithe na Brasaíle. Ba é an mana a bhí acu: "Dia, Tír, Clann". Earcaíodh an sagart óg Cámara sa ghluaiseacht, agus le beannú a easpaig chaith sé dhá bhliain ag eagrú feachtais toghchánaíochta dóibh. Chuaigh a éifeacht mar eagraí i bhfeidhm ar ghobharnóir an chúige thoir-thuaidh a cheap mar

Rúnaí Oideachais an Stáit é i 1934. Ach faoi cheann dhá bhliain ní raibh ag réiteach idir Cámara agus an tEaspag ná an gobharnóir, agus d'imigh sé leis go Rio de Janeiro, príomhchathair na tíre ag an am.

Chaith sé beagnach fiche bliain i Rio agus chuaigh cruachás na mbocht i gcion air. Tar éis tréimhse a thabhairt ag plé le cúrsaí oideachais, d'aistrigh sé go hobair thréadach. Bhí 4 mhilliún duine fíorbhocht ina gcónaí in *favelas* nó plódcheantair na cathrach. B'fhacthas do Cámara go raibh bearna mhór idir cláir agus príorachtaí na hEaglaise agus riachtanais na cosmhuintire. Léiríodh dó nárbh é an Cumannachas an namhaid ba mhó don Eaglais, ach toscaí sóisialta a bhrúigh na pobail chun éadóchais. Bhí an sagart óg i bhfad chun tosaigh ar údaráis eaglasta agus ar dhiagairí lena iarrachtaí cluasa agus croíthe na hEaglaise a oscailt do ghlaonna na mbocht. Ní raibh aon chlár cuimsitheach ag an Eaglais chun dul i ngleic le fadhbanna mar bhochtanas, neamhlitearthacht, éagóir shóisialta, a bhí ag cothú scoilteanna san Eaglais agus sa tír. Cuid de na fadhbanna ná fairsinge na tíre, fad idir deoisí, droch-chumarsáid – fadhbanna a mhill córas cinnidh. Thosaigh Cámara ag stocaireacht na n-údarás eaglasta sa Bhrasaíl agus sa Vatacáin chun eagras a bhunú a neartódh eaglais na tíre. I 1952 d'éirigh leis Comhdháil Náisiúnta Easpag na Brasaíle (CNBB) a bhunú agus ainmníodh mar Ardrúnaí ar an gComhdháil é, post a bhí aige ar feadh 12 bhliain.

Mhair an sagart óg sna 1930í trí thréimhse chorraitheach ina thír. Tharla réabhlóid i 1930 ach níor athraigh ach ceannairí rialtais. Bhí coimhlint idir eagrais fhaisisteacha agus chumannacha. Bhí glúin de scríbhneoirí ag tabhairt léargais ar ghnéithe de shaol na Brasaíle. Tháinig fear darbh ainm Vargas chuig Rio de Janeiro tráth na réabhlóide 1930. Toghadh ina Uachtarán é i 1934, le *coup d'état*. I 1937 bhunaigh sé *Estado Novo* a thug cumhacht iomlán dó féin, agus d'fhan sé i gcumhacht go dtí 1945. Bhunaigh Vargas Páirtí Lucht Oibre na Brasaíle ach choimeád sé na ceardchumainn agus a gceannairí faoi smacht an rialtais.

Tar éis don Phápa Pius XI í a bhunú, chuir an Cairdinéal Leme, Ard-Easpag Rio de Janeiro, Gníomhaíocht Chaitliceach ar bun ina dheoise. Ní raibh baint ag Helder Cámara léi go dtí 1946 nuair a d'iarr an Cairdinéal de Barros Cámara (comharba Leme) air Seachtain Náisiúnta Staidéir a eagrú dóibh. An bhliain dar gcionn ceapadh ina Leas-Padre Ginearálta ar Ghníomhaíocht Chaitliceach na Brasaíle é. Eagraíodh rúnaíocht náisiúnta don eagras. An tráth sin bhí brainsí speisialta á bhforbairt – i measc na n-oibrithe, na dtuathánach, na mac léinn – agus bhí siad ag tabhairt léargais do dhaoine ar fhadhbanna daonna. Ach ansin thosaigh frithghníomh ó lucht an rachmais, a dhearbhaigh: "Tá sibh ag athrú na hEaglaise. Tá sibh á cur inár gcoinne!" D'éirigh mic léinn ollscoile radacach agus chreid siad nár chóir na himlitreacha sóisialta a fhágáil ar pár.

Ina Easpag, agus Vatacáin II

Oirníodh Helder Cámara ina Easpag Cúnta ar Ard-Deoise Rio de Janeiro i 1955, agus sa bhliain chéanna tionóladh Comhdháil Idirnáisiúnta Eocairisteach sa chathair sin. I measc na n-eaglaiseach mór le rá a d'fhreastail ar an gComhdháil bhí sean-Chairdinéal Gerlier ó Lyons na Fraince. Roimh dhul abhaile dó tháinig an Cairdinéal chun cainte leis an easpag óg, a bhí ina Ard-Rúnaí ar an gComhdháil Eocairisteach. Dúirt sé gur éirigh go han-mhaith leis an gcomhdháil agus gurb é ba chúis leis sin go raibh eagraí tréitheach i gceannas, agus lean sé: "Dom Helder, cén fáth nach n-úsáideann tú an cumas eagraithe sin a bhronn an Tiarna ort i seirbhís na mbocht?" D'fhreagair Dom Helder: "Is cor cinniúnach i mo shaol é seo. Feasta, tiomnóidh mé féin do na boicht!"

Chuaigh sé chuig a ardeaspag, d'inis dó cad a dúirt an Cairdinéal Gerlier, agus d'iarr air an t-adhmad go léir a úsáideadh le linn na Comhdhála Eocairiste a thabhairt dó chun tithe a thógáil do na boicht. Glacadh lena iarratas agus scaip sé an t-adhmad i measc na mbocht. Ansin chuaigh an tEaspag Cámara chuig Uachtarán na tíre agus d'iarr air talamh a tarrtháladh ón bhfarraige timpeall ar bhá Rio i gcomhair na Comhdhála a dhíol agus an t-airgead a thabhairt dó i gcomhair tithíochta d'áitritheoirí na *favelas*.

D'éirigh leis arís, agus thosaigh sé ag tógáil árasán do na boicht i lár na cathrach, i gceantar galánta saibhir – rinne sé é sin d'aon ghnó ionas go bhfeicfeadh daoine saibhre fadhb an bhochtanais, mar go dtí sin níorbh ann go hoifigiúil do na *favelas*. Laistigh de thrí bliana, cuireadh nach mór 1,000 teaghlach isteach in árasáin nua agus bhí breis is 600 páiste ag freastal ar scoileanna nua-thógtha.

Thuig Dom Helder go luath nár leor bheith ag obair *do* na bochtáin; ba ghá don eaglais bheith ag obair *leis* na boicht, agus iad a chumasú chun nithe a dhéanamh dóibh féin. Rinne Cámara staidéar ar na scrioptúir, ar theagasc sóisialta Caitliceach, agus ar scríbhinní Gandhi. Thosaigh sé ag cur béime ar dhínit an duine, ar a "shaoradh" go hiomlán – idir mheon, chorp, agus anam. Ghlac sé chuige modh oideachais a d'fhorbair Paolo Freire. Sa bhliain 1961 bhunaigh sé an Ghluaiseacht um Oideachas Bunúsach (MEB), le comhoibriú ón rialtas. Bhíodh MEB ag craoladh ranganna raidió, agus sula i bhfad bhí 7500 teagascóir acu agus 180,000 Brasaíleach ag éisteacht.

Nuair a ghairm an Pápa Eoin XXIII Dara Comhairle na Vatacáine, bhí Dom Helder i measc na nEaspag as ceithre hairde na cruinne a chuaigh ann. Roimhe sin bhí deis aige aithne a chur ar easpaig eile ó Mheiriceá Láir agus ó Mheiriceá Theas. Sa bhliain inar ceapadh ina Easpag é, tionóladh an chéad Chomhdháil Easpagúil do Mheiriceá Laidineach i Rio de Janeiro. Ainmníodh an tEaspag Cámara agus Dom Manuel Larrain mar chomh-leasuachtaráin ar an gComhdháil (CELAM). Ar shroicheadh na Róimhe do Dom Helder, tháinig Dom Manuel chuige le scéal tromchúiseach – ba chosúil go raibh Ard-Rúnaí Chomhairle na Vatacáine ag beartú chóras ceapacháin na nEaspag ar 11 choimisiún a bhí le bheith i mbun obair na Comhairle, in ionad ligean do na hEaspaig a n-ionadaithe féin a thoghadh. Chuaigh na hEaspaig Cámara agus Larrain chuig Cairdinéil na Fraince, a raibh tionchar mór acu, ag lorg tacaíochta do mholadh a chuirfeadh ceapadh na nEaspag ar na coimisiúin éagsúla siar lá nó go mbeadh ainmneacha pléite ag gach Comhdháil Easpagóideach. D'éirigh leo agus b'éigean d'Ard-Rúnaí na Comhairle géilleadh. Mar thoradh ar an idirphlé, toghadh roinnt Easpag cumasach, nach raibh aithne fhorleathan orthu, ar na coimisiúin.

Níor labhair Cámara in aon chor ag na seisiúin de Chomhairle na Vatacáine, ach bhí tionchar aige ar gcúl. Bhí Easpaig na Brasaíle ag cur fúthu in áras darb ainm *Domus Mariae* ina raibh roinnt seomraí móra a bhí oiriúnach do chruinnithe. Mhol sé go gcuirfí an t-áras ar fáil do chruinnithe neamhfhoirmeálta idir ionadaithe ó na comhdhálacha Easpagóideacha. Fuair siad tacaíocht ó bheirt Easpag shinsearacha ón Fhrainc agus thoiligh an Cairdinéal Suenens, a bhí ar dhuine de cheathrar riarthóirí ag an gComhairle, a phátrúnacht a thabhairt. Cuid de na hEaspaig, ag na cruinnithe sin, faoi spreagadh Dom Helder, chuir siad an coincheap "nua" sin "Eaglais na mBocht" chun tosaigh.

Ar ais sa Bhrasaíl, tharla *coup* míleata faoi cheannas Arturo de Costa é Silva i 1964. Ceann de na chéad bheartais ag an rialtas nua ná ceannairí MEB agus ceannairí eile pobail a chur i bpríosún le linn sheisiún deireanach Chomhairle na Vatacáine i 1965, labhair Dom Helder le heaspaig eile faoina fhís d'eaglais de shaghas nua: "ceannairí spioradálta, aontaithe san éacúiméineachas, ag treorú an domhain chun forbartha faoi scáth na síochána bunaithe ar cheart".

Ardeaspag agus Céile Comhraic an Rialtais

Ceapadh Helder Cámara i 1964 ina Ardeaspag ar Recife agus Olinda, ina cheantar dúchais san oirthuaisceart. Bhí sé i láthair ag Comhthionól na nEaspag as Meiriceá Laidineach i Medellín, an Cholóim, i 1968. Ag an tráth sin tháinig an coincheap "Diagacht na Fuascailte" chun cinn. Tá sé ráite ag Cámara gur mhian le Mac Dé go mbeimis go léir mar chomhfhuascailteoirí ina theannta, ag saoradh an chine dhaonna ó thorthaí na bpeacaí, ó thorthaí an fhéinspéiseachais. Dhá bhliain roimh Medellín bhí ráiteas dréachtaithe ag Dom Helder agus sínithe ag 15 Easpag ó thíortha neamhfhorbartha. Idir sin agus doiciméid ó na cruinnithe i Medellín, cuireadh slacht ar pholasaí na hEaglaise i Meiriceá Laidineach "tús áite a thabhairt do na boicht". Sa bhliain chéanna (1968) cothrom céad bliain lá breithe Gandhi, bhunaigh Cámara gluaiseacht "Gníomh, Ceart, agus Síocháin". Go dtí sin bhíodh ceannairí na hEaglaise sa Bhrasaíl ina gcomhghuaillithe ag an rialtas, agus ghoill dearcadh nua na hEaglaise ar na hoifigigh airm a bhí ag rialú na tíre. Faoi 1967 bhí "easaontóirí polaitiúla" á gcéasadh, á gcur i bpriosún agus á marú ag an rialtas.

Dúirt an tArd-Easpag Cámara tráth: "caithfimid frith-chumannachas atá aontaobhach agus bréagchráifeach a sheachaint. Is furasta dearmad a dhéanamh ar conas a bhascann an bhochtaineacht duine agus an tslí a ndéanann sí neamhní de bhronntanas na saoirse atá faighte aige ó Dhia. Caithfear a chur i gcuimhne gurb é an rud a scriosfaidh an cumannachas ná dul i ngleic go cróga agus go deimhneach le fadhbanna práinneacha an lae, is é sin an géarú dianseasmhach atá á dhéanamh ar thrí cheathrú den daonra atá bocht. Scuabfar an cumannachas den saol nuair a bheidh treoraithe spioradálta ag seasamh leis an bpobal.Tá ar chumas na dtreoraithe sin an domhan a stiúradh isteach i saol atá ag teacht le chéile i síocháin atá bunaithe ar chothromas an duine. Beidh ionadh an domhain ar na cumannaigh nuair a gheobhaidh siad amach go bhfuil an soiscéal ag bagairt orainn deireadh a chur le cúraimí mar atá siad sa domhan agus go bhfuil saol nua fíordhaonna á chruthú. Ní féidir leis na cumannaigh idirdhealú a dhéanamh idir bunbhrí na Críostaíochta agus lagar na gCríostaithe a dhéanann codlaidín don phobal. Féachann na cumannaigh ar chreideamh mar rud a chúngaíonn agus a fhuaraíonn an bheatha. Ba cheart dúinn a bheith macánta ár ndóthain chun a admháil gur féidir linn dearmad a dhéanamh ar an saol seo nuair a bheimid gafa sa saol eile atá osnádúrtha. Chun athrú foréigneach a sheachaint, déanaimid mí-úsáid as an ngaois agus úsáidimid mar choscán í seachas mar luasaire."

Lean Dom Helder ar a bhealach ar son neamhfhoréigin. Dúirt sé: "Táimidne, mar Chríostaithe, ar son neamhfhoréigin agus ní rogha é do laige ná d'fhulangacht ar chor ar bith". Ar ócáid dúirt sé: "B'fhearr liom go mór frása Roger Schutz 'foréigean na síochánaithe'. Bhí mé i gcónaí ag lorg bealaigh chun struchtúir éagóracha a athrú trí bhrú morálta a úsáid". Nuair a ceistíodh é faoi fhoréigean a úsáid chun saoirse tíre a bhaint amach, d'fhreagair sé nach saoirse i ndáiríre í saoirse pholaitiúil in éagmais saoirse eacnamaíochta. Níor cheap sé gur réiteach é cás Chúba mar rinneadh saitilít na Rúise de in ionad saitilít de chuid na Stát Aontaithe. Le cur i gcoinne láidir éifeachtúil a dhéanamh ar son na cosmhuintire ó Cámara agus ó dhaoine eile, mhéadaigh an rialtas ar ghéarleanúint. Bhí cosc ar Dom Helder labhairt go poiblí ar feadh 11 bhliain, ní raibh cead aige páirt a ghlacadh i gcláir raidió ná teilifíse, agus ó 1968 go 1977 coisceadh ar nuachtáin na Brasaíle a ainm a lua! Ní hamháin sin ach ar ócáid amháin d'fhostaigh fir shaibhre marfóir chun dul agus an tArd-Easpag a fheallmharú. Chuaigh an fear gunna chun an tí bhig shimplí a raibh cónaí air ann. D'oscail Dom Helder féin an doras agus chonaic an fear gunna fear beag umhal (cros bhrollaigh shimplí adhmaid a chaitheadh sé) a thug cuireadh isteach dó. Thréig a mhisneach an fear. D'inis sé cad chuige a chuairt agus d'imigh sé.

Ceann de na gluaiseachtaí a thug treoir agus neart don chosmhuintir, in ainneoin fhrithghníomhartha an rialtais agus lucht an rachmais, ba ea na Bunphobail Chríostaí. Bhí baint mhór ag Dom Helder (ón am a mbíodh sé ag plé le cúrsaí oideachais) le forbairt i measc na ndaoine bochta. Thug sé tacaíocht láidir do na Bunphobail Chríostaí nuair a chuir Leonardo Boff agus daoine eile ar bun iad. Trí theacht le chéile agus trí phlé ar na Scrioptúir agus ar a saol laethúil, spreagadh daoine bochta gan oideachas chun an Eaglais ("Pobal Dé") a chur chun cinn ina gceantar féin. Fiche bliain ó shin bhí breis is 4 mhilliún duine páirteach i 120,000 de na Bunphobail Chríostaí, agus bhí siad tar éis leathnú amach go tíortha eile. Nuair a bhí géarleanúint an rialtais i mbarr a nirt sna 1970í, thuig Easpaig eile go raibh an ceart ag Helder Cámara seasamh go daingean in aghaidh na deachtóireachta, agus tugadh breis tacaíochta do na bunphobail. Ní hamháin gur tháinig daoine le chéile chun guí sna grúpaí sin agus gur fhoghlaim siad faoin gcreideamh, ach tháinig siad ar an tuiscint gurbh fhéidir leo siúd, daoine aineolacha, rudaí a dhéanamh agus athruithe sóisialta a chur chun cinn. Pobal Dé i ngníomh!

A spioradáltacht, a theagasc, agus gradaim a bronnadh air

Ní fhéadfadh aon duine a oiread a dhéanamh is a rinne Dom Helder i rith a shaoil fhada gan grásta Dé. Thug sé go leor ama don phaidreoireacht agus don mhachnamh. Toisc go raibh ar a chumas éirí i lár na hoíche agus tar éis tréimhse urnaí, dul ar ais a chodladh, bhí sé de nós aige éirí ag 2 ar maidin (Dúirt sé go raibh móid umhlaíochta déanta aige don chlog rabhaidh!). D'iarradh sé ansin ar Chríost a bheith in éineacht leis ag guí don Athair. Deireadh sé paidreacha óna phortús, dhéanadh sé smaoineamh ar obair an lae a bhí le teacht, agus scríobhadh sé machnaimh (véarsaí) bheaga. Ina dhiaidh sin théadh sé ar ais ag chodladh idir 4 is 5 ar maidin, d'éiríodh sé agus ghlacadh sé cith, agus ag 6 ar maidin, dhéanadh sé Aifreann a cheiliúradh.

Ba mhór aige an tAifreann i gcónaí agus ghoill sé air aon uair nach raibh sé in ann Aifreann a cheiliúradh. Ach dúirt sé mura mbeadh sé ábalta Aifreann a rá go fisiciúil, mar shampla dá mbeadh sé ag eitilt ar airde deich nó aon mhíle dhéag méadar os cionn na farraige, go mbíodh ar a chumas Aifreann a "achtú". Tá an Tiarna i ngach aon áit, deir sé, ar talamh is ar muir, agus fiú amháin lasmuigh den domhan, sa chruinne.

Bhí Cámara an-tugtha do spioráltacht Phrionsias Assisi agus do scéalta faoi. Bhí sé ar airdeall i gcónaí chun nach mbeadh sé mórálach as féin. Dá mbeadh sé ag dul i láthair slua mhóir nó isteach i stiúideo teilifíse, mar a mbeadh daoine ag tabhairt gártha molta dó, is é a smaoiníodh sé ina intinn ná: "A Thiarna, seo é do theacht isteach caithréimeach go hIarúsailéim; níl ionamsa ach d'asailín ar a bhfuil tú ag marcaíocht!" Sampla dá dhearcadh umhal, dírithe ar na boicht, is ea gur mhol sé ag seisiún clabhsúir Vatacáin II go mbainfeadh na hEaspaig go léir a gcrosa brollaigh díobh (go raibh an chuid is mó díobh déanta as ór nó airgead) agus iad a leagadh go siombalach ag cosa an Phápa; ansin d'fhéadfadh an Vatacáin na crosa a leá agus an t-airgead a thabhairt do na boicht. Níor glacadh leis an moladh, ní nach ionadh!

Gné lárnach eile de Dom Helder ná gur chuir sé é féin ar aon dul leis an bpobal. Le "Gluaiseacht Soiscéalaithe na Tuaithe", chuir sé béim ar úsáid teangacha áitiúla na ndaoine agus ar amhráin tíre, a d'úsáideadh sé ina chláir raidió. Ba é bun agus barr a chreidimh, ní hamháin gur cruthaíodh sinn i gcosúlacht Dé, ach gur sinne comhchruthaitheoirí an domhain i dteannta Dé. Mar sin, is é ár ndualgas saothrú chun domhan a chruthú a léiríonn luachanna Dé.

Bronnadh Gradam Mhártín Liútair Cing air i 1970, agus sa bhliain chéanna Gradam Cuimhneacháin Eoin XXIII ó Pax Christi na Spáinne, agus Duais Síochána Via Internationale na hIodáile. Ainmníodh cúpla uair é do Dhuais Síochána Nobel, ach gach uair bronnadh ar dhuine eile í. An uair dheireanach (1974) ba ar Henry Kissinger agus Le Duc Tho a bronnadh an Duais sin, agus bhí díomá chomh mór sin ar a lán daoine gur bailíodh airgead go háirithe sna Tíortha Lochlannacha agus ar fud na hEorpa chun 'Duais Síochána na nDaoine' a bhunú. Bhí searmanas sollúnta in Oslo agus bronnadh an Duais ar Helder Cámara in Frankfurt.

B'fhiú an duais sin agus dhá oiread go leith Dhuais Nobel agus d'úsáid an tArd-Easpag í chun infheistiú i scéim forbartha talmhaíochta in Oirthuaisceart na Brasaíle.

I measc a chuid oibre go léir, scríobh sé roinnt leabhar, an ceann ba cháiliúla ná *The Desert is Fertile* – fo-theideal 'Treoir do mhionlaigh Abrahámacha'.

Tar éis dó éirí as a dhualgais mar Ard-Easpag, lean Dom Helder air ag taisteal is ag tabhairt léachtaí. Gheobhadh sé ar an meán ochtó cuireadh in aghaidh na bliana agus ní ghlacfadh sé ach le 5 nó 6 acu. Ag roghnú na n-ócáidí ag a labhródh sé, bhíodh an coinníoll aige go mbeadh sé saor chun a rogha rud a rá, fiú nuair a gheobhadh sé cuireadh ó lucht gnó sa Bhrasaíl nó in Davos na hEilbhéise. Coinníoll eile a bhíodh aige ná gur mhaith leis an deis chun bualadh le grúpaí mionlaigh sa tír nó sa réigiún a bhí i gceist. Dúirt sé gur smaoinigh sé air féin mar ionadaí na ndaoine "*sem vez é sem voz*" ("gan dóchas, gan ghuth").

Tar éis a shaoil is a shaothair fhada thorthúil, d'éag Helder Cámara i mí Lúnasa 1999, ag nócha bliain d'aois.

Niall O'Brien

1939 - 2004

Misinéir, oibrí ar son an chirt

"Bhunaigh tú cothromas agus ceart agus cóir" (*Salm 99:4*)

Misinéir óg

Dála na gcéadta óganach in Éirinn an tráth sin, liostáil Niall O'Brien i gcoláiste sagartóireachta Chumann Naomh Colambán i bPáirc Dhealgan, Contae na Mí, i Meán Fómhair 1957. Ón gCarraig Dhubh, Contae Átha Cliath dó, agus fuair sé bunoideachas agus meánoideachas in dhá scoil faoi chúram Chuallacht an Spioraid Naoimh – Páirc na Sailí agus Coláiste na Carraige Duibhe. Duine de cheathrar clainne, triúr deartháireacha agus deirfiúr amháin, a bhí ann, agus ní foláir nó go raibh saol le só aige ina óige murab ionann is an cineál saoil a bhí amach roimhe.

Bhunaigh beirt sagart dheoiseacha, John Blowick agus Edward Galvin, cumann miseanach i 1916. Thugtaí Misean Mhaigh Nuad chun na Síne air sna blianta tosaigh mar ba ar an tír ollmhór sin a bhí a n-aird. Tugadh aghaidh ar na hOileáin Fhilipíneacha i 1929. Ghlac said an t-ainm Cumann Naomh Colmbán i gcuimhne ar an misinéir mór a thug aghaidh ar an Eoraip sa 6ú aois.

Ógánach eile a thosaigh i bPáirc Dhealgan ag an am céanna le Niall O'Brien is ea an tAthair Cyril Lovett, atá anois ina eagarthóir ar iris an chumainn *The Far East*. Eisean a thug an homaile ag sochraid an Athar Niall i 2004, agus d'inis sé go raibh tréimhse an-deacair ag an mBrianach i dtosach. Ní raibh mórán suime aige i gcluichí, bhí sé an-tugtha don ealaín, scríobh sé chuig a mhuintir ag rá go raibh sé le teacht abhaile. Ach d'athraigh sé a intinn agus ba mhac léinn "sainiúil, éirimiúil, bríomhar, seiftiúil, scléipeach" é. Oirníodh i 1963 é agus ceapadh do na hOileáin Fhilipíneacha é mar ar chaith sé dhá scór bliain nach mór.

Thaistil naoi sagart déag nua-oirnithe an bhliain sin ó Pháirc Dhealgan go dtí an taobh eile den domhan, dáréag go dtí na Filipíní. Dúirt Niall O'Brien gurbh iad na chéad rudaí ar thug sé suntas dóibh: an teas a bhuail é nuair a thuirling sé den eitleán, na sluaite ar na sráideanna, agus an méid gluaisteán Mercedes a bhí le feiceáil gach áit. B'in in Manila, cathair ina raibh ceanncheathrú Chumann Naomh Colmbán sa tír, agus 250 sagart den Chumann ann ag an am. Chomh luath is a shroich an dáréag óg ó Éirinn an teach, insíodh dóibh cá háit san oileánrach mór sin a mbeadh a gcéad ionaid. Negros a ceapadh don Athair Niall – oileán fada caol i lár na nOileán Filipíneach.

Tír í na Filipíní a d'fhéadfadh a bheith go maith as ach saoirse a bheith aici ó choilínigh eachtracha agus ó rialtais dhúchasacha lofa. (Tá talamh chomh torthúil i roinnt de na hoileáin, go mór mór in Oileán Negros, oileán bolcánach, gur féidir trí bharr sa bhliain a fháil). Ghabh na Spáinnigh í i 1521, d'fhan ar feadh beagnach 400 bliain, rud a d'fhág go raibh sí ar an tír ba Chaitlicí san Áis ach í ar bheagán sagart. Go luath tar éis éirí amach na ndaoine (1896) agus an ruaig a cuireadh ar na Spáinnigh agus ar fhormhór na sagart, tháinig na Meiriceánaigh agus d'fhan siad ar feadh leathchéad bliain. Poblacht neamhspleách a bhí ó na Filipínigh agus chuir arm na Stát Aontaithe cogadh orthu a mhair ó 1899 go dtí 1902, troid inar maraíodh thart ar leathmhilliún Filipíneach, ach nár admhaigh S.A.M. riamh gur cogadh a bhí ann. Ansin chuir na Meiriceánaigh córas stáit ar bun cosúil lena dtír féin; thug siad isteach 800 múinteoir Meiriceánach chun córas oideachais poiblí a bhunú ar fud na tíre, agus bhí cosc ar shagairt dul isteach chuig scoileanna poiblí agus teagasc Críostaí a mhúineadh. Níos measa fós, roghnaigh an Vatacáin sagairt Mheiriceánacha le bheith ina nEaspaig sna Filipíní. Cé go raibh Gael-Mheiriceánaigh ina measc, ní raibh aon bhá acu leis an tír sin, ach ba é an tArd-Easpag Ó Dochartaigh, a bhí in Manila i 1928, a thug cuireadh do na Colmbánaigh teacht go dtí na Filipíní.

Easpag Filipíneach i ndeoise Bacalod in Oileán Negros a thug cuireadh do na Colmbánaigh teacht go dtí á dheoise i 1949. 'Mias siúcra na bhFilipíní' a thugtaí ar Negros a bhí chomh mór le Cúige Mumhan agus a raibh dhá mhilliún duine ina gcónaí ann. Tá sléibhte arda ag rith síos trí lár an oileáin agus ba i Negros Iartharach a bhí na Colmbánaigh ag obair. Turas eitleáin dhá uair a chloig a thug Niall O'Brien ó Manila go Bacalod. Tiománadh ó dheas ansin é go Kabankalan, áit inar chaith sé trí mhí ag déanamh dianchúrsa sa teanga áitiúil, Ilongo, agus mar a raibh sé ina shagart cúnta don Sagart Paróiste, Mike Doohan. Cuireadh fíorbhochtanas na ndaoine ar a shúile dó go luath ach ba é an dearcadh a bhí aige ag an am gur chóir dó cloí le hobair "spioradálta", i.e. dáileadh na sacraimintí mar a bheadh fear garáiste ag dáileadh ola. Ar thuras siúil dhá lá chuig *barrio* faoin tuath, chonaic sé lena shúile féin drochstaid na bpáistí ceal bia agus cúram leighis; ar ais sa bhaile dó ar an Domhnach dár gcionn, bhí sé ag tabhairt cur síos ón gcrannóg nuair a bhris a ghol air; dúirt sé le sagart eile: "mura mbeimidne, Colmbánaigh, ag dul i ngleic le bochtanas an phobail, beidh ormsa smaoineamh ar bhealach eile".

Chaith Niall O'Brien roinnt blianta ag obair le grúpa Barangay agus cúrsa spioradálta dúchasach Sa-Maria a bhí acu. On uair a fuair sé cuireadh dul chuig seimineár a bhí acu i gcathair Cadiz i dtuaisceart Negros, bhí sé tógtha leo ar chúiseanna éagsúla – d'úsáid siad amhráin ghrá dhúchasacha le focail nua; tuataí, daoine den chosmhuintir a bhí rannpháirteach agus deis acu a dtuairimí a phlé. Ach bhí locht amháin orthu, dar leis – bhí na cainteanna go léir (tugtha ag tuataí) bunaithe ar dhearcadh seanaimseartha, fiú ag dul siar go dtí an Frith-Reifirméisean. Ar ais ina pharóiste dó, fuair sé cead grúpa Sa-Maria a thosú, agus bhí cruinniú lán go doras. D'éirigh leis an Athair Niall suim a mhúscailt i gColmbánaigh ann agus thosaigh sé ag tógáil teach Sa-Maria in Kabankalan. In éineacht le comhghleacaí leis, thosaigh sé ag athscríobh na *rollos* (léachtaí a d'úsáidtí ag cúrsaí spioradálta) chun iad a thabhairt cothrom le dáta le doiciméid Vatacáin II (a bhí díreach foilsithe), go mór mór faoi chúrsaí Scrioptúir, Liotúirge, agus Cirt. Ag éirí as sin, mhol sé do dhaoine sna *barrios* faoin tuath, nach mbíodh cuairt ó shagart acu ach uair sa mhí ar a mhéid, teacht le chéile gach Domhnach agus "Seirbhís an Bhriathair" a bheith acu. Le cabhair ó Cholmbánaigh eile, chuir sé le chéile dréacht don tseirbhís sin, ar ar thug siad *panimbahon*, agus leathnaigh sé sin go forleathan le páirtíocht ó dhaoine a bhí tar éis cúrsa Sa-Maria a dhéanamh.

Bunphobail Chríostaí agus Misinéir ag foghlaim óna Phobal

Agus é ar saoire in Éirinn, chuaigh Niall O'Brien ar chúrsa spioradálta leis na hÍosánaigh chun a mheas cár sheas sé. Thuig sé go raibh sé ag dul sa treo ceart ach ag brath rómhór ar réiteach dá chuid féin a fháil ar gach ceist. Bheartaigh sé ar thosú ag éisteacht le sagairt Fhilipíneacha.

Ag an tráth sin, i lár na 1970í, bhí caibidil ghinearálta ag Cumann Naomh Colmbán, agus den chéad uair riamh ní in Éirinn a tionóladh í ach in Manila. Chinn an chaibidil gurbh é aidhm an chumainn ná ministreacht do na fíorbhoicht agus saothrú i gcoinne gach saghas éagóra. Tar éis 13 bliana sna Filipíní, ceapadh an tAthair Niall ina Shagart Paróiste, mall go leor de réir nósanna na tíre ach bhí sé tar éis blianta a chur isteach ag obair le Sa-Maria.

Sna sléibhte a bhí a pharóiste suite agus bhí sé ina shéiplíneach do mhuileann siúcra. Chomh maith leis sin bhí cúraimí air a bhain le paróiste ina raibh daonra 18,000. I dtosach d'iarr sé ar ghrúpa sagart Filipíneach teacht agus plé leis féin agus le ceannairí an pharóiste cad ba chóir a bheith ar siúl acu. Ag éirí as an seimineár sin, cinneadh ar bhunphobail Chríostaí a thosú. Bhí siad seo le bheith múnlaithe ar na pobail luath-Chríostaithe mar a bhfuil cur síos orthu i nGníomhartha na nAspal. Ghlac siad mar bhunaidhm 'forbairt dhaonna iomlán', frása ó *Populorum Progressio* (imlitir an Phápa Pól VI ar chúrsaí cirt). Nuair a d'imigh na sagairt Fhilipíneacha, bhí tuiscint nua faighte ag Niall O'Brien ar bhrí an fhocail *pobal* – bhí sé tógtha ina óige le múnla eaglaise a chuir béim ar spioradáltacht phearsanta aonair, fiú má ba thrí dhul isteach in ord rialta an t-aon slí ag duine teacht ar phobal Críostaí! Ach ní mar sin a bhí i dtús ré na hEaglaise.

In ainneoin thorthúlacht na talún, bhí formhór phobal Negros beo bocht. Ní raibh ach 2% den phobal ag maireachtáil ar a dtalamh féin. Bhí seilbh ag 400 clann ar leath den talamh a bhí faoi chána siúcra. Bhí *haciendas* (tithe breátha) ag na tiarnaí móra talún, nó bhí cuid acu ag maireachtáil i gcathair Bacalod nó fiú i Manila, agus maoir acu i mbun an eastáit. Tá a thuilleadh eolais faoin éagothramaíocht seo i leabhar eile de chuid F.Á.S : "Misean Mhaigh Nuad chun na Síne 1916-1963" le Pádraig Ó Murchú S.S.C.

Ba iad na príomhghnéithe de na Bunphobail Chríostaí a bhunaigh an tAthair O'Brien ná iad seo a leanas:

- Tallann agus am a roinnt lena chéile: tugtar aird ar riachtanais láithreacha an phobail, mar ocras, bhreoiteacht, uaigneas.
- Tógtar cinneadh le chéile ar rud a dhéanamh: éiríonn páirtíocht agus cumasú as sin.
- Oibrítear le chéile chun éagóir a dhíbirt.
- Athmhuintearas: ba réabhlóid shóisialta a chuir siad rompu.
- Guí le chéile, mar a deirtear i seanfhocal Spáinneach: "Leanaimid ag iarraidh ar Dhia ach leanaimid orainn ag saothrú."

Chabhraigh na Bunphobail Chríostaí le féinmhuinín, neamhspleáchas, is féiniontaoibh a chothú i measc na ndaoine agus leathnaigh siad go fairsing – bhí seasca díobh i bparóiste an Athar O'Brien agus bhí siad i 16 pharóiste sa cheantar. San áit a raibh sé lonnaithe, ba mhuileann siúcra comhoibríoch a bhí ann a bhunaigh an tEaspag áitiúil agus ní raibh amhras ach gur chabhraigh sé le caighdeán maireachtála an phobail – bhí 600 duine ag obair go lánaimseartha ann agus 300 eile go sealadach. Ach bhí ceannas glactha air ag an aicme bhainistíochta agus bhí pátrúnacht á tabhairt acu don séiplíneach agus don séipéal a bhí ar thailte an mhuilinn. Chun éalú ó thionchar na mbainisteoirí, bheartaigh Niall O'Brien ar imeacht óna theach i gclós an mhuilinn, agus teach nua a thógáil ar *barrio* Tabugon i lár an pharóiste. Ansin bhí sé níos gaire do chuid mhaith dá pharóistigh.

Bhí fadhb eile ann sa tsochaí a chuir dúshlán mór roimhe – an foréigean a úsáid chun éagóracha a cheartú. Níos measa ná bochtanas is ea an leatrom a bhí á imirt ar an gcosmhuintir. Fir áirithe nach bhfaca aon bhealach eile chun éagóracha struchtúir a cheartú ach trí lámh láidir, chuaigh siad i mbun troda le grúpa treallchogaithe ar ar tugadh Arm Nua an Phobail (A.N.P.). Bhí Niall O'Brien ag iarraidh bealach síochánta a leanúint. Tháinig Nato (giorrú ar Renato), fear óg a bhíodh ag cabhrú sa pharóiste, chuige lá chun insint go raibh sé ag imeacht chun liostáil le A.N.P. Chomhairligh an tAthair Niall dó faoi mhodhanna neamhfhoréigneacha, ach bhí Nato daingean ina chinneadh, go háirithe de bharr céasadh agus drochíde uafásach a bhí sáirsint in arm na tíre tar éis a thabhairt do bhean a bhí ina caiticeastóir i bparóiste béal dorais, agus d'imigh sé. Bhí an sagart tar éis staidéar a dhéanamh ar fhorbairtí i dteagasc sóisialta na hEaglaise, go mór mór an imlitir *Popolorum Progressio*. In alt 31 ansin, ceadaítear éirí amach mar a bhfuil "tíorántacht shoiléir fhadbhunaithe" agus sa chás sin amháin (bhí cáineadh ar éirí amach i gcásanna eile). Chuaigh an teagasc seo i bhfeidhm ina lán tíortha sa Tríú Domhan. Agus bhí doiciméid eile ón Vatacáin i 1986 a cheadaigh dul i mbun cogaidh mar sheift dheireanach. Ach mar a léireoimid thíos, lean an Brianach bealach an neamhfhoréigin.

Bhí na bunphobail ag feidhmiú go héifeachtúil mar mhionpharóistí. Bhí coistí ceart acu a thógfadh cás éagóra idir lámha – ag plé le tiarna talún, ag scaipeadh an scéil ar bhunphobail eile, ag tabhairt an ghearáin chuig comhairle an pharóiste. Chabhraigh an tAthair Niall le hiad a oiliúint maidir le déileáil le dlíodóir, breitheamh, nó údaráis eile. Ní hamháin sin ach bhíodh na bunphobail ag guí le chéile Dé Domhnaigh agus ag nochtadh a gcuid imní le chéile, agus ina dhiaidh ag déanamh gníomhartha praiticiúla chun fadhbanna a leigheas. Scríobh an sagart uair amháin: "Tá pobal Críostaí agat nuair is féidir leat luí síos istoíche agus fios a bheith agat nach bhfuil duine breoite i do shráidbhaile nach bhfuil aire á tabhairt dó, duine faoi leatrom nach bhfuil cabhair á tabhairt dó, duine uaigneach nach bhfuil cuairt á tabhairt air". Bhí sé tar éis cabhrú le daoine a ndínit agus a n-údarás féin a athghabháil agus iad a shaoradh ó eagla.

Duine de 'Naonúr Negros'

Faoi na 1970í, bhí an pobal ag lorg leasuithe sa chóras sóisialta. Chuir an tUachtarán Marcos dlí míleata i bhfeidhm. Chuaigh mic léinn idéalacha, cumannaigh, agus tuathánaigh a bhí i ndeireadh na feide, le chéile dála Arm Nua an Phobail. Sna sléibhte is mó a bhí siad siúd lonnaithe agus chuir gníomhaíocht bhrúidiúil airm na tíre níos mó den phobal i dtreo an A.N.P. Mar a dúirt Easpag Fortich ó Bacalod, b'ionann Negros agus 'bolcán sóisialta'.

Toisc go raibh na sagairt i Negros an-ghar don chosmhuintir, agus go raibh siad ag tabhairt tacaíochta do cheardchumainn i measc na n-oibritheoirí siúcra in áiteanna, bhí na húdaráis stáit amhrasach fúthu. Bhí sagart Colmbánach eile Brian Gore, arbh Astrálach é, i bparóiste taobh le paróiste Niall O'Brien. Fad is a bhí Brian Gore ar saoire sa bhaile, chuir saighdiúirí gunna agus ceithre philéar i bhfolach ina theach agus nuair a d'fhill sé ar ais, gabhadh é. Cé nár chaith sé ach lá amháin i bpríosún an t-am sin, ba chomhartha é ar a raibh le teacht. Roinnt laethanta ina dhiaidh, d'eisigh na húdaráis barántas gafa don Athair Gore agus do sheisear tuataí a bhí ina gceannairí ar chroíghrúpa a pharóiste, agus tugadh go baile Kabankalan iad. An lá dár gcionn, d'eagraigh an tEaspag Aifreann mór lasmuigh de halla an bhaile ansin, agus tháinig na sluaite anuas ó na sléibhte (na mná ag eagrú an pharóiste anois), chun dul ar throscadh lasmuigh den phríosún. Tar éis éisteacht chúirte, scaoileadh amach ar bhannaí an sagart agus an seisear eile. Léiríodh dearcadh an airm nuair a scríobh an Coirnéal Kitinar ón tseirbhís faisnéise leabhar ina ndúirt sé: "Is é an dúshlán is dainséirí ó na radacaigh reiligiúnda ná bunú na mbunphobal Críostaí."

Maraíodh méara an cheantair chomh maith le ceathrar compánach i 1982 agus bhí dhá theoiric faoi cé a bhí ciontach – arm na tire nó an A.N.P. Ach bliain go leith níos déanaí fógraíodh gur aimsíodh ar iniúchadh an airm go rabhthas chun an dúnmharú a chur i leith na sagart Niall O'Brien, Brian Gore, agus Vincente Dangan (arbh Fhilipíneach é) agus an seisear ceannairí paróiste. D'imigh roinnt míonna eile thart, tháinig na hAithreacha Niall agus Brian le chéile agus d'aontaigh siad nach dteithfidís.

Tháinig uair na cinniúna i mBealtaine 1983 le linn féasta mhóir in onóir San Isidoro in *barrio* Inapoy a bhí suite i bparóiste an Athar Niall. Tháinig beirt sagart eile, Brian Gore agus Terry Bennett, chun a bheith páirteach, agus tar éis Aifreann na maidine sin bhí comórtas san iarnóin idir 11 chomhphobal áitiúil. Bhí an triúr sagart ina mbreithiúna ar chairteacha maisithe á dtarraingt ag daimh agus cailín mar bhanphrionsa in airde ar gach cairt. Agus na sagairt ar ardán ag labhairt leis an slua, tháinig héileacaptar de chuid an airm, thuirling sé go tobann sa plaza, 50 slat ón ardán, agus amach de léim le saighdiúirí agus meaisínghunnaí ina seilbh acu agus coirnéal i gceannas orthu. D'fhan an tAthair Bennett chun an slua a shuaimhniú agus shiúil na hAithreacha O'Brien agus Gore sall don choirnéal agus chuir siad fáilte roimhe chuig an bhféasta. Ba é a fhreagra go dtiocfadh an bheirt sagart sin maraon le seisear ceannairí tuata chuig baile Kabankalan. Nuair a dhiúltaigh siad dul i héileacaptar an airm, tugadh cead dóibh dul i jíp an pharóiste. Nuair a shroich siad an baile, bhuail siad leis an tríú sagart a cúisíodh i ndúnmharú, an tAthair Vincente Dangan. Tugadh an naonúr (sagairt is tuataí) chuig príosún an bhaile, a bhí faoi cheannas an Mhaoir Airm Yulo.

Príosún nua a bhí ann ach é róbheag. Bhí ceithre chillín ann; seomra do chithfholcadh, leithreas, ach gan aon uisce reatha. Thairg an Maor Yulo a oifig féin ina raibh gaothrán do na sagairt ach dhiúltaigh siad – ní raibh siad chun a bheith scartha ón seisear eile. Bhí gach cillín in úsáid, agus cuireadh príosúnach a bhí imithe as a mheabhair isteach sa seomra don chithfholcadh. Mar sin, bhí an naonúr sáite isteach i gcillín amháin, seomra beag cúig slata faoi chúig slata, gan troscán ar bith ann. Bhí sé déanach sa lá faoin am sin, agus shuigh siad ar an urlár ag guí, ag aithris salm agus ag léamh scrioptúr. Ar éigean a bhí slí ann dóibh luí síos gan cos a chur i mbéal duine eile. An t-aon chompord a bhí acu, ag luí ar urlár fuar suiminte, ná boscaí a chuir daoine isteach chucu agus a leathadh amach maille le tuáille agus piliúr.

Nuair a dhúisigh an naonúr go moch ar maidin, ba é an chéad chúram acu ná uisce a fháil i gcomhair níocháin agus an leithris. Scaoil na gardaí príosúnach amháin amach chun labhairt le príosúnaigh "oscailte" a raibh cúram an uisce orthu, rud a gcaithfeá íoc as. I rith an lae sin tháinig sagairt shinsearacha Cholmbánacha chucu le scéal go rabhthas chun an triúr sagart a scaoileadh amach chuig "gabháil tí"; phléigh siad an tairiscint leis an seisear tuataí agus cinneadh nach n-imeodh na sagairt amach gan iadsan ina dteannta. San oíche tháinig an tEaspag Fortich ó Bacalod; bhí an scéal tar éis dul chomh fada le Manila, tháinig an Cairdinéal ann faoi dhéin an Uachtaráin Marcos agus chualathas níos déanaí gur bhagair an Cairdinéal ceiliúradh na nAifreann ar fud na bhFilipíní a chur ar ceal! Tar éis iarratais ón Easpag agus an scéal a phlé arís leis na ceannairí tuata, d'aontaigh an triúr sagart go nglacfaidís le gabháil tí agus le hiarratas ar bhannaí dóibh go léir.

An chéad lá eile, scaoileadh amach an triúr sagart. Aistríodh an seisear tuataí chuig príosún an chúige in Bacalod. Tosaíodh éisteacht chúirte faoi bhannaí a thabhairt don triúr sagart. Bhí Niall O'Brien in ann ailibí maith a chur os comhair na cúirte mar bhí sé in Manila ar feadh breis is mí roimh dháta an dhúnmharaithe agus ina dhiaidh.

Ní raibh aon scéal ag teacht fós ón gcúirt faoi mhí na Samhna. Bhí an triúr sagart lena ngardaí in ann dul ar cuairt chuig na ceannairí tuata i bpríosún Bacalod agus fuair siad amach go raibh cás dúnmharaithe eile le cur ina leith siúd. D'inis an tEaspag don Athair Gore go raibh cloiste aige go mb'fhéidir go ndéanfaí iarracht é a mharú. Tháinig na hAithreacha Gore, O'Brien agus Dangan le chéile agus bheartaigh siad pribhléid na gabhála tí a ghéilleadh agus dul ar ais don phríosún in éineacht leis an seisear tuataí. Scríobh siad chuig a gcomhshagairt ag rá go raibh na ceannairí tuata faoi ghlas toisc gur lean siad an bealach Críostaí a mhúin na sagairt dóibh, agus gur bhraith an triúr acu go gcaithfidís fianaise a thabhairt ar son an bhráithreachais Chríostaí agus na dlúthpháirtíochta. I dtús mhí Eanáir 1984 chuaigh siad chun cainte leis an Easpag Fortich agus dúirt seisean go raibh an rud ceart á dhéanamh acu.

Chuaigh siad lena ngarda chuig ceannncheathrú na bpóilíní in Bacalod. Baineadh geit as an gcoirnéal a bhí i gceannas, ach ansin bheartaigh sé ar iad a choimeád i dteach aíochta a bhí á ghardáil (a theach féin a bhí ann). Bhí siad ansin thart ar thrí seachtaine agus gach compórd acu, ach chinn siad gur chóir dóibh a bheith i bpríosún Chúige Bacalod mar a raibh na ceannairí tuata. Lean siad ar aghaidh lena bplean agus d'éirigh leo smuigleáil isteach – agus thug an Chúirt in Kanankalan ordú do mhaor an phríosúin an naonúr a chur go príosún Bacalod.

Seanphríosún a bhí ann ó aimsir na Spáinneach 100 bliain roimhe sin. Bhí sé chéad príosúnach ann, dhá chéad díobh sa rannóg dianslándála, agus ba i gcillín ansin a chaith 'Naonúr Negros' (mar a thug na meáin chumarsáide orthu) leathbhliain. Ba mhór idir an compord, le haeroiriúnú, a bhí acu sa teach aíochta i gceanncheathrú na bpóilíní, agus coinníollacha sa phríosún. Bhí draein oscailte ar aghaidh an chlóis agus séarachas ag rith tríthi. Bhí ganntanas bia chomh holc sin (cúig shairdín bhídeacha agus dhá chupán go leith ríse, sa lá do gach príosúnach!) go mbíodh na príosúnaigh ag breith ar fhrancaigh chun iad a mharú agus a ithe. Poll sa talamh a bhí mar leithreas, agus bhí buicéad amháin uisce don aonad dianslándála ar fad.

Rinne na sagairt a ndícheall cabhrú leis na príosúnaigh eile, gur tháinig siad go léir ó theaghlaigh fhíorbhochta. Bhíodh Brian Gore agus Vincente ("Itik") Dangan ag roinnt bia a thugtaí isteach dóibh agus ag eagrú lámhcheardaíochta le go bhféadfadh príosúnaigh beagán airgid a thuillimh. Bhíodh Niall O'Brien ag cabhrú i gcúrsaí sláinte mar bhí taithí aige ar "scéim na ndochtúirí cosnochta" agus ar a bheith ag foilsiú leabhar sláinte. D'aimsigh siad príosúnach a raibh meánoideachas aige agus eolas aige ar an gcóras dlí; bhí seisean in ann na páipéir chuí a dhréachtú i gcomhair cásanna cúirte agus thug na Colmbánaigh airgead agus rúnaí dó chuige sin.

Chuir uachtarán na gColmbánach sna Filipíní an scéal chuig RTÉ agus d'éirigh le John Bowman glao gutháin a chur ar an Athair Niall. B'in tús le suim na meán in Éirinn. Mhéadaigh ar an mbrú idirnáisiúnta. Thug Aire Gnóthaí Eachtracha na hAstráile cuairt ar an áit, agus ansin ceapadh an tEaspag Éamonn Ó Cathasaigh mar chathaoirleach ar Thrócaire. Rinne Charlie Bird agallamh Gaeilge le Niall O'Brien do Raidió na Gaeltachta. Thosaigh Peter Barry a bhí ina Aire Gnóthaí Eachtracha ag stocaireacht ar a son. I mí Mheithimh, bhí an tUachtarán Ronald Reagan le turas a thabhairt ar Éirinn; bhí daoine abhus ag dul ar stailc ocrais agus ag eagrú agóide in aghaidh na cúirte (b'in, dar ndóigh, de bharr mhórthionchar SAM ar na Filipíní).

I rith an ama sin go léir bhí an cás cúirte ina gcoinne ag dul ar aghaidh go han-mhall ar shlí chasta. Bhí na cúisitheoirí ar a ndícheall ag iarraidh droch-cháil a chur ar na sagairt, m.sh. rinneadh iarracht ar Niall O'Brien a cheangal leis an IRA. Tháinig an Seanadóir Diokno, ceannaire ar Bharra an Dlí i Manila, chun cabhrú leis an naonúr. Ba ghníomh tábhachtach é sin, ní hamháin toisc gur dhuine mór le rá é, ach de bharr chleasaíocht na gcúisitheoirí – ag cur focal i mbéala na bhfinnéithe, agus an t-arm ag céasadh daoine chun iachall a chur orthu fianaise a thabhairt ar son an stáit. D'éirigh leis an Seanadóir Diokno a chruthú go raibh cuid d'fhinnéithe an stáit ag insint bréag, agus fuair sé cóip de liosta na bpaisinéirí do na heitiltí ó Negros go Manila agus ar ais ar a raibh Niall O'Brien tráth a ndúradh go raibh sé páirteach i ndúnmharú.

Lasmuigh dá gcúraimí ag an triail, ní dhearna an triúr sagart faillí maidir lena ndualgais spioradálta. Bhí liotúirge mór faoin aer a thosaigh ag 4 a.m. agus a chríochnaigh le breacadh an lae Domhnach Cásca.

Tráth amháin, iarradh ar Niall O'Brien caint a thabhairt ar stáisiún raidió áitiúil (Bombo Radio), ar choinníoll nach labhródh sé faoi ábhar polaitiúil. D'aontaigh sé agus dúirt go dtabharfadh sé caint faoi ghairmeacha sagartóireachta ar na misin; chríochnaigh sé le habairt: "má tá suim agat, is féidir leat iarratas a chur isteach chuig Cillín 7, Príosún an Chúige, Bacalod". Mar a tharla, bhí garda sa phríosún a raibh rún aige a bheith ina shagart agus bhí sé tar éis staidéar a dhéanamh istoíche; bhí sé ag ithe a lóin agus ag éisteacht leis an raidió nuair a chuala sé caint an Athar O'Brien, is dúirt sé leis féin: "tá sé chomh maith agam triail a bhaint as", agus an tráthnóna sin tháinig sé chuig an gcillín!

Chuir dlíodóirí an naonúir cáipéisí os comhair na cúirte, ag deireadh chás an chúisitheora, ag iarraidh ar an mbreitheamh an cás a scor. Tar éis roinnt seachtainí, tháinig cinneadh ón mbreitheamh ag diúltiú don iarratas scoir ach amháin i gcás an Athair "Itik" Dangan. Bhí "Itik" in ospidéal faoin am sin agus brú fola an-ard aige, agus scaoileadh saor é. Ansin tháinig scéal go raibh an rialtas ag tairgeadh pardúin don Athair Gore agus don Athair O'Brien agus paról don seisear tuataí; dhiúltaigh siad dó sin de bharr (1) gurb ionann pardún agus tuiscint go raibh siad ciontach i gcoir, agus (2) nár theastaigh uathu aon idirdhealú idir na sagairt agus na tuataí. Sa deireadh thiar thall, d'aontaigh an rialtas go n-éireoidís as cúiseamh in aghaidh na gcosantóirí (ochtar anois) le coinníollacha go n-imeodh an bheirt sagart as an tír agus go mbeadh an seisear tuataí slán ó aon chúiseamh eile. Ar an 28 Meitheamh ag éisteacht chúirte, d'aontaigh dlíodóirí ón dá thaobh ar rún scoir, agus cúig lá níos déanaí d'fhógair an breitheamh go raibh sé ag glacadh leis an rún. I mí Iúil 1984, tar éis 50 lá sa chúirt a tharla sin.

Ag imeacht ón bpríosún dó, tar éis dóibh páipéir a saortha a fháil, tháinig iriseoir ó NBC ag lorg ráitis ón Athair O'Brien. Dúirt sé: "Tá áthas orm imeacht ón phríosún uafásach sin, ach níl sé níos measa ná na coinníollacha faoina maireann a lán daoine. Bhíomarna i bpríosún mar d'oibríomar chun na coinníollacha sin a athrú – leanfaimid ag saothrú chun iad a athrú mar creidimid fad is atá leath den domhan ocrach nach bhfuil aon duine saor".

Ar ais leis na sagairt ón Astráil agus ó Éirinn chuig an dá pharóiste acu mar ar fearadh fáilte mhór rompu, agus abhaile leo chun a dtíortha dúchais. Nuair a bhí Niall O'Brien ag dul isteach ó Aerfort Átha Cliath go lár na cathrach, stop siad ar Shráid Sheáin Mhic Dhiarmada mar ar léiríodh dráma sráide ag saoradh a mháthar agus é féin ó chillín bréagach. Chuir áthas is bochtanas na cosmhuintire ansin a smaointe ar ais chuig na Filipínigh ar feadh nóiméid. (Is ar dhialann phríosúin a d'fhoilsigh *O'Brien Press* faoin teideal *Seeds of Injustice* atá an rannóg seo bunaithe).

Spioradáltacht an Neamhfhoréigin Ghníomhaigh

In iarfhocal leis an leabhar thuasluaite, agus i leabhar eile dá chuid *Island of Tears, Island of Hope*, leag Niall O'Brien amach bealach Críostaí lán le brí le haghaidh déileáil le héagóir sa tsochaí. Luann sé dea-shampla Gandhi a léirigh don domhan gur féidir le neamhfhoréigean bua a bhaint amach ní hamháin dóibh siúd faoi leatrom ach don tíoránach freisin. D'inis sé faoi cheithre bhunghné a d'aimsigh siad nuair a bhí siad ag iarraidh bunphobail Chríostaí a thógáil, agus a bhí riachtanach:

1 Fírinne, atá marfach in aghaidh bréag;

2 Creideamh – creidiúint go paiseanta i ndínit an duine arb ionann sa deireadh é agus creideamh i nDia;

3 Samhlaíocht – luaigh sé fáithe nua-aoiseacha (cuid acu faoi thrácht sa leabhar seo) a thaispeáin úsáid na samhlaíochta agus an ghrinn ina straitéis neamhfhoréigneach féin;

4 Misneach – tá eagla tógálach agus is mar a chéile don mhisneach.

Scríobh an tAthair O'Brien faoin rogha bhréagach a tháinig chun cinn in Oileán Negros maidir le cur i gcoinne an chórais éagóraigh phlandála. Rogha idir troid le hairm nó fulangacht. Is nuair a tharraingímid amach ó ghaiste na rogha teoranta go dtuigimid go bhfuil féidearthachtaí eile ann. Luann sé aistriúcháin ar an mBíobla, an ceann cáiliúil i mBéarla *King James Version* mar shampla, a thugann le tuiscint go raibh Íosa ag teagasc gur chóir modh géillte in ionad dúshlán a thabhairt don ionsaitheoir. I leagan den scrioptúr ar a dtugtar *Christian Community Bible*, tá trácht an-suimiúil ar shliocht as Matha 5: 37-42 –

> "múineann Íosa dúinn dhá oiread a thabhairt do chéile comhraic is a éilíonn sé chun a chosaint a chur as a riocht, i dtreo is go dtuigfidh sé ar deireadh go raibh sé mícheart".

Léiríonn Niall O'Brien cad is brí le neamhfhoréigean.

- Ní hionann é agus neodracht; is é atá i neodracht ná tacaíocht don *status quo* agus i Negros bhí an *status quo* thar a bheith foréigneach.
- Ní hionann neamhfhoréigean agus *deus ex machina* drámatúil ná rómánsúil; de ghnáth ní bhíonn athrú drámatúil.
- Ní hionann neamhfhoréigean agus meatacht. Dúirt Gandhi: "creidim i neamhfhoréigean mar fhórsa an-ghníomhach, gan áit do mheatacht ná fiú laige".
- Ní críoch ann féin atá sa neamhfhoréigean, ach bealach.
- Ba é an mana a bhí ag an bPápa Pius XII: "*Opus Justitiae Pax*" – "síocháin an toradh ar obair ar son na córa".

D'inis an Brianach scéal faoi chonspóid in Oileán Mindanao, mar a raibh ceadúnas ag comhlacht adhmaid na foraoiseacha a ghearradh anuas, agus go raibh torthaí air sin mar thuillte tobann, phuiteach sna hionaid síolraithe éisc, chreimeadh talún, chórais uiscithe loite. Chaith an pobal áitiúil deich mbliana ag cur achainí chuig an rialtas gan toradh. Ag Aifreann Domhnaigh chuir sagart Colmbánach, an tAthair Nally, dúshlán roimh na daoine agus ghníomhaigh an Bunphobal Críostaí. D'eagraigh siad picéid ar na bóithre a d'úsáideadh an comhlacht adhmaid, agus bhlocáil siad de lá is d'oíche iad. Bhagair na húdaráis orthu agus eisíodh barántas do sheachtar, an tAthair Nally ina measc. Lean siad orthu agus tar éis ceithre mhí, chuir Aire Rialtais an ceadúnas ar ceal. Ba shampla é de neamhfhoréigean gníomhach chun toradh a bhaint amach, agus leathnaigh an smaoineamh ar fud na bhFilipíní.

Thug Niall O'Brien seimineár do ghrúpa *Pax Christi* in Manila. Ba é an téama ná neamhfhoréigean gníomhach, agus nuair a scríobh sé an focal 'athmhuintearas' ar chlár dubh, thug bean rialta a dhúshlán. Bhí air a admháil go mbaintear míchiall as an fhocal sin uaireanta agus gur chóir go mbeadh aiféala orthu siúd a bhí ciontach in éagóir nó i bhforéigean agus an t-aiféala sin a léiriú. Tráchtann sé ina leabhar ar an mbaol go measctar athmhuintearas agus maithiúnas – tá maithiúnas riachtanach don Chríostaí mar a léirítear i bPaidir an Tiarna. Tráchtann sé freisin ar an bhfadhb a bhíonn ann nuair a bhíonn ceannairí eaglasta róghar do na daoine saibhre. Luann sé ráiteas i Soiscéal Mhatha (23: 2-3) ina bhfuil tagairt ghéar do na scríobhaithe agus na fairisínigh. Tá caibidil sa leabhar *Island of Tears, Island of Hope* ar spioradáltacht i gcomhthéacs réabhlóideach. Mar a deir sé, tá spioradáltachtaí éagsúla in oiriúint do shlite beatha éagsúla. Ach tá rud amháin comónta eatarthu – baineann spioradáltacht Chríostaí le gaol nó muintearas ceart le daoine agus grúpaí. D'aithin sé cúig ghrúpa i Negros a thug dúshlán ar leith dóibh siúd a bhí ag obair ar son na síochána – na boicht, na saibhir, lucht réabhlóide, lucht míleata, agus a chomhoibritheoirí – agus pléann sé spioradáltacht, i.e. an bealach ina mairimid de réir ár gcreidimh – ina measc go léir.

Filleadh ar Negros agus Bás Míthráthúil

Cuireadh an ruaig ar an Uachtarán Marcos agus b'éigean dó teitheadh go Hawaii i bhFeabhra 1986. Bhí Niall O'Brien tar éis tamall a chaitheamh ag staidéar sa Róimh agus i Meiriceá agus ag tús na bliana 1987 d'fhill sé ar na hOileáin Fhilipíneacha. Thug sé a aghaidh ar Oileán Negros agus ar a phríomhchathair, Bacalod. Thug sé faoi deara athruithe sa chathair, a bhí tar éis dul i léig go mór – dódh go talamh pálás an easpaig agus ní fheicfí daoine ar na sráideanna tar éis 8p.m. Bhí Cory Aquino ina huachtarán sa tír, ach bhí an-chumhacht ag an arm a bhí ag troid in aghaidh threallchogaithe A.N.P. agus ag ruaigeadh an phobail ó cheantair thuaithe.

Obair nua a bhí ag an Athair O'Brien ansin, é ina eagarthóir ar iris Cholmbánach *Misyon*. Fuair sé teach in Bacalod mar áit chónaithe agus mar oifig, agus tháinig fear óg darbh ainm Nanoi mar chúntóir aige. Bhí sluaite de dhídeanaithe ag plodú isteach sa chathair agus bhíodh Nanoi ag cabhrú leo le bia agus le cóir leighis – bhí traenáil aige mar "dhochtúir cosnocht" le Comhphobal Críostaí sna sléibhte. Um an dtaca sin, thug Niall O'Brien cuireadh do Jean agus Hildegard Goss-Mayr chun labhairt in Bacalod ar neamhfhoréigean gníomhach mar bhealach chuig an gceart. Gníomhairí síochána ba ea an bheirt sin a raibh cáil orthu as a saothar ón Ailgéir sna 1950í go dtí Oirthear na hEorpa, Meiriceá Láir agus an Bhrasaíl. I rith an tseimineáir a thug siad siúd in Bacalod, tháinig scéal uafásach ó pharóiste Himamaylan. Is amhlaidh a bhí saighdiúirí tar éis teacht i rith na hoíche chuig teach Morit de los Santos, ceannaire ar choiste um cheart is um shíocháin an pharóiste agus uachtarán ar Bhunphobail Chríostaí.

Scaoil na saighdiúirí urchair agus gránáidí isteach sa teach agus mharaigh siad Morit, a bhean, agus triúr leanaí leis (Mhair an ceathrú páiste trí ligean uirthi go raibh sí marbh). Thiomáin Niall O'Brien agus Nanoi 40 míle don teach in Himamaylan. Bhuail siad leis an Athair Gill, Sagart Paróiste, a bhí ar an láthair díreach i ndiaidh an tsléachta agus a raibh grianghraif glactha aige. Tamall ina dhiaidh sin chuaigh seisean agus sagart chuig an Uachtarán Aquino agus taispeánadh na grianghraif di. Ní bhfuair siad aon sásamh. Bhí ceann foirne an airm agus ginearál eile i láthair, agus chríochnaigh an tUachtarán an cruinniú lena rá nár chóir d'eachtrannaigh a bheith bainteach le cásanna mar sin.

Sular éirigh sé as oifig ag aois 75 bliain, bhí baint ag an Easpag Fortich le bunú "Criosanna Síochána". Bhí ceann díobh le bunú i 1990 i gCandoni, paróiste ina mbíodh Niall O'Brien ag saothrú tráth. Chuaigh an tAthair O'Brien ann don ócáid, agus bhí an tEaspag Fortich ann agus sagart paróiste óg, an tAthair Rolex

Nueva. Thosaigh fadhbanna roimh an Aifreann – bhí grúpa 400 den A.N.P. ag blocáil an bhóthair agus ansin tháinig héileacaptar ina raibh ceannasaí arm Negros agus buíon saighdiúirí. Ní raibh na treallchogaithe ná an t-arm i bhfabhar na gCriosanna Síochána. Labhair an tEaspag go stuama agus ós rud é go raibh aithne phearsanta ag an Athair Rolex ar an gcuid is mó den slua, chuaigh an tAifreann ar aghaidh mar ba chóir; seachnaíodh foréigean. Ag deireadh an Aifrinn, ar chuireadh ón sagart áitiúil, tháinig bean óg agus páiste ina baclainn aici chuig an micreafón agus d'fhógair sí bunú an chéad Chrios Slándála i Negros. Agus tocht ina scornach aige, ghlac Niall O'Brien grianghraf den chomhartha dóchais sin.

Lean sé air ag saothrú go dícheallach ar son na ndaoine bochta i Negros. Ní raibh sé mórán thar thrí scór bliain d'aois nuair a buaileadh breoite é agus b'éigean dó filleadh ar Éirinn i 2001. Fuarthas amach go raibh galar neamhghnách fola air. Chuaigh sé ar ais chuig na Filipínigh den uair dheireanach chun iris a bhunú do shagairt dhúchasacha.. Sa bhliain 2004 bhí air dul chuig Pisa na hIodáile mar a bhfuair sé cóir leighis ar leith ar feadh ceithre mhí. Ach, faraor, ní raibh leigheas i ndán dó agus d'éag sé i mí Aibreáin na bliana sin.

Bhí slua mór ag Aifreann Éagnairce dó i bPáirc Dhealgan. Ba é an tAthair Cyril Lovett a thug an tseanmóir agus ag trácht dó ar an leabhar *Revolution from the Heart*, ar sé:

> "ní féidir liom smaoineamh ar leabhar ar bith eile ina lonraíonn grá agus comhbhá sagairt dá phobal chomh soiléir, ach amháin b'fhéidir *Diary of a Country Priest* le George Bernanos".

Bhronn Ateneo de Manila, Ollscoil Íosánach, *Gradam Bukas Palad* air i ndiaidh a bháis. San aitheasc ag an searmanas bronnta luadh a shaothar le teagasc Dhara Comhairle na Vatacáine a chur i ngníomh i Negros, agus go mór mór maidir le heagrú pobail. De réir a iarratais féin, cuireadh luaithrigh Niall O'Brien ar an oileán inar chaith sé formhór a shaoil, agus ag a shochraid ann dúirt Easpag Buzan gur aithin sé fíornádúr agus fiúntas daoine ó scríbhinní an Athair O'Brien. Ghlac a chomhphríosúnach an tAthair Brian Gore leis an ngradam in Manila ar a shon, agus ina chaint dúirt sé 'go raibh Niall de shíor ag tabhairt dúshlán dúinne, a chomh-Cholmbánaigh, teorainneacha ár n-eachtraí pearsanta a shíneadh chuig áiteanna nua'.

Roger Schutz

1915 – 2005

Bunaitheoir Taizé agus éacúiméiní

"Gairfear de mo theachsa teach urnaí na gciníocha go léir"
(Íseáia 56:7)

Mionoilithreacht le linn oilithreachta

I samhradh na bliana 2004 bhí mé páirteach in Oilithreacht ar Lorg Naomh Colmbán inar thugamar cuairt ar mhainistreacha ó Luxeil go Bregenz go Bobbio, bunaithe ag an misinéir mór sin. Bhí turas cuibheasach fada againn i dtosach ó Aerfort Lyons agus ar an mbealach stopamar ag láthair na seanmhainistreach cáiliúil, Cluny, agus ansin ag mainistir nua, Taizé. Ta an-chontrárthacht idir an dá mhainístir – in Cluny, foirgnimh mhaorga thaibhseacha, fiú agus iad briste, a léiríonn an chumhacht agus an saibhreas a bhíodh ann, ach anois atá ina Mhusaem Stáit; agus in Taizé, foirgnimh shimplí ach an áit beo, bríomhar, agus na sluaite de dhaoine óga timpeall. Bhraith mé atmaisféar fáilteach cairdiúil fíorspioradálta ann. Bhíomar ann don tseirbhís um mheán lae san eaglais fhairsing gan morán maisiúcháin, ina mbíonn formhór na ndaoine ar a nglúine nó ag suí ar an urlár. Ba í sin an t-aon ócáid ina bhfaca mé an Bráthair Roger, a shiúil isteach go mall le cabhair ó dhuine de na bráithre.

Ó Agnóisí go Mac Léinn Diagachta

Francach ba ea a mháthair, Amélie Marsauche, agus tréadaí Cailvíneach Eilbhéiseach a athair, Charles Schutz. Bhí sinsir Roger ina dtréadaithe ar an dá thaobh. Tar éis phósadh Amélie agus Charles, saolaíodh seachtar iníonacha agus beirt mhac dóibh. Roger an duine deireanach den ál agus rugadh an 12 Bealtaine 1915 é i sráidbhaile Provence, gar do Neuchatel. Bhí tionchar mór ag a sheanmháthair (ar thaobh a mháthar) ar Roger; bhí sise ina baintreach le linn an Chéad Chogaidh Dhomhanda agus triúr mac aici in arm na Fraince; i dtuaisceart na Fraince a bhí cónaí uirthi agus thug sí dídean d'an-chuid teifeach. Ina dhiaidh bhí sí ag iarraidh athmhuintearas a chothú, ó thaobh reiligiúin is uile ionas nach dtarlódh cogadh mór arís.

Bhí ar Roger dul chuig baile a bhí tamall uathu i gcomhair meánscolaíochta. Maidir le lóistín dó, bhí rogha ag a thuismitheoirí idir teaghlach Protastúnach agus baintreach

Chaitliceach, agus roghnaigh siad an bhaintreach mar go mbeadh an cíos ina chabhair mhór di. I rith na mblianta sin, bhí géarchéim chreidimh ag Roger agus chaith sé roinnt blianta ina agnóisí. Bhíodh díospóireachtaí fada aige lena bhean tí agus chuaigh a creideamh láidir i bhfeidhm air. Buaileadh síos le heitinn é, agus nuair a bhí sé ag teacht chuige féin arís, bhí tréimhse fhada aige i gcomhair léitheoireachta agus machnaimh.

Ar shroicheadh fiche bliain dó, bhí Roger in inmhe fir agus a ghéarchéim phearsanta curtha de aige. Thosaigh sé ag staidéar litríochta, ach d'athraigh sé a intinn agus thosaigh sé ar chúrsa diagachta i Lausanne. Chaith sé ceithre bliana ansin agus i Strasbourg. Iarradh air a bheith ina uachtarán ar Chónaidhm Chríostaí na Mac Léinn, agus cé go raibh drogall air glacadh leis an bpost i dtús báire, d'éirigh go han-mhaith le sraith cruinnithe a d'eagraigh sé faoin bpaidreoireacht.

Faoi 1940, bhí a chúrsa staidéir curtha i gcrích aige, agus an Dara Cogadh Domhanda tosaithe agus an Fhrainc buailte. Bhí brionglóid ag Roger faoi theach a fháil inarbh féidir le grúpa maireachtáil de réir an tSoiscéil agus cabhair a thabhairt do lucht an ghátair. Sampla eile arís de dhea-ghníomh ag eascairt as uafáis an chogaidh.

Ósais sa Chogadh

Níor lig sé a mhaidí le sruth in aon chor, agus i Lúnasa 1940 thaistil Roger ón Eilbhéis isteach sa chuid den Fhrainc a bhí á rialú ag réimeas Vichy. Ar aghaidh leis chuig Cluny, agus cé nach raibh suim aige i bhfothracha, seans gur chuimhin leis an athnuachan a leathnaigh tríd an eaglais nuair a thiomnaigh fir a saol do Chríost san áit sin. Chonaic sé fógra faoi theach ar díol in Taizé , fuair sé amach cá raibh an sráidbhaile beag sin, agus an mhaidin dár gcionn ar aghaidh leis ar a rothar chuige. Ní raibh sé tógtha leis an teach i dtosach, ach nuair a d'inis sé a chuspóir don bhean a bhí á thaispeáint dó, dúirt sí leis: "Fan linn, táimid bocht agus is áit iargúlta í seo". D'fhill Roger ar an Eilbhéis, thionóil sé cruinniú le 30 cara leis i Lausanne, agus rinne siad machnamh ar an bplean. Bheartaigh sé dul ar aghaidh leis, chuaigh sé ar ais chuig Cluny agus cheannaigh sé an teach i dtús Mheán Fómhair.

Bhí an áit suite míle ó dheas den teorainn idir an chuid den Fhrainc a bhí á rialú go díreach ag na Gearmánaigh agus an chuid a bhí á riaradh ag réimeas Francach in Vichy. Dá bhrí sin, ba mhinic teifigh ag triall ar an teach agus fuair siad go léir dídean ann. Giúdaigh a bhí i roinnt mhaith díobh agus cuireadh ar aghaidh don Eilbhéis iad. Bhí ar Roger féin gach rud a dhéanamh i dtosach – talamh a bhain leis an teach a shaothrú, bó a chrú, chomh maith le séipéal beag a chóiriú ina mbíodh sé ag guí trí huaire gach lá.

I 1942 chuaigh sé don Eilbhéis ag bailiú airgid don obair agus ar a bhealach ar ais chuig Taizé fuair sé rabhadh. Sceith duine éigin ón gceantar leis na húdaráis faoina raibh ar siúl ann, tháinig na Gestapo agus gabhadh gach duine a bhí sa teach. Bhí an t-ádh le Roger agus lena dheirfiúr, Geneviève (a bhí ag cabhrú leis), agus d'fhan siad slán.

Dúirt sé faoin Eoraip sna 1940í:

> "Chun Críost a chur in iúl do dhaoine eile, céard a d'fhéadfadh a bheith níos soiléire glé ná ár saol féin a ofráil, agus athmhuintearas a chur i gcrích ar bhealaí praiticiúla".

Léirigh sé é sin ag deireadh an Chogaidh nuair a bhí saighdiúirí Gearmánacha i ngéibheann i gcampaí in aice le Taizé, agus fuair sé cead iad a thabhairt go dtí a theach maidineacha Domhnaigh i gcomhair seirbhíse agus roinn sé leo pé bia a bhí ar fáil.

Chuaigh sé ar ais don Eilbhéis, agus bhí árasán aige sa Ghinéiv. Sula i bhfad, tháinig triúr fear óg a raibh suim acu ina thuairimí agus chónaigh siad mar phobal beag san árasán. Tar éis a lán cur is cúitimh, le daoine eile freisin, bheartaigh siad ar chomhphobal a bhunú sa teach in Taizé.

Bunú nuaphobail Chríostaí

Bhí Roger Schutz tar éis teacht ar riail a bhain leis an tseanmhainistir in Cluny:

"I gcaitheamh an lae duit, bíodh obair agus scíth á mbrostú ag Briathar Dé;
Coimeád ciúnas inmheánach i ngach rud agus mairfidh tú i gCríost;
Bíodh spiorad na mBiáide – lúcháir, simplíocht, trócaire – do do líonadh".

Bliain i ndiaidh a chéile, dhéanaidís athnuachan ar a ngeallúint maireachtáil le chéile. Trí huaire sa lá, bhailídís le chéile sa séipéal chun guí.

I dtús báire, bhí cúinsí maireachtála an-dian. Bhí páistí sa cheantar a fágadh ina ndílleachtaí i ndiaidh an chogaidh, agus thosaigh na bráithre ag tabhairt aire dóibh. Tháinig Geneviève Schutz chun cónaithe i dteach sa sráidbhaile, agus bhí sí ina *maman* ag na buachaillí.

I 1948 tháinig Robert, an chéad bhráthair Francach chucu. Ba bheag suim a bhí ag muintir an cheantair i reiligiún agus ní bhíodh Aifreann á cheiliúradh sa sráidbhaile ach go fíorannamh. Chuir bráithre Taizé iarratas chuig easpag na deoise go mbeadh cead acu guí sa séipéal; chuir an t-easpag an t-iarratas ar aghaidh chuig Nuinteas an Phápa i bPáras, an tArd-Easpag Roncalli (a bhí ina Phápa Eoin XXIII níos deanaí); tháinig freagra dearfach ar ais ón Nuinteas agus bhí seirbhís acu i séipéal Taizé ar Bhigil na Cincíse 1948. De réir a chéile, mhéadaigh ar líon na mbráithre – 10, 20, 30. Anois tá ceithre scór nó mar sin ann. I rith na ngeimhrí 1952-53, chuaigh an Bráthair Roger ar chúrsa spioradálta agus scríobh sé amach 'Riail' dóibh. Is beag tagairt atá ann do rudaí a "chaitear" a dhéanamh, m.sh. maidir le hamchlár nó éadaí, agus sna heagráin is déanaí, úsáidtear an teideal: "Les sources de Taizé".

Tá frása sa tiomantas a dhéanann bráthair nua: "Is é a thoil (Críost) in éineacht le do bhráithre go mairfidh tú 'parabal an phobail'. Thuig siad ón tús nárbh fhéidir athnuachan bhuan a dhéanamh san Eaglais mura mbeadh athmhuintearas sofheicthe idir Chríostaithe. Bhí orthu a bheith oscailte le parabal an choitinn luachanna – Protastúnaigh ag glacadh le saol manachúil, Críostaithe ó thraidisiúin éagsúla (Leasaithe, Liútaraigh, Anglacánaigh), agus i 1969 tháinig dochtúir Beilgeach a bhí ina Chaitliceach isteach sa chomhluadar le cead ó Easpaig na Fraince. Le bráithre Caitliceacha, bhí orthu teacht ar thuiscint níos doimhne ar "pharabal na comaoine". Iarradh ar an mBráthair Roger labhairt i Nua-Eabhrac i 1971 le hEaspaig na hEaglaise Easpagóidí (Anglacánaí). Dúirt sé: 'An bhfuil Easpag na Róimhe, mar thréadaí uilíoch, ár dtarraingt le chéile cheana féin i dtreo Eaglais na Comaoine?'

Labhair sé arís sa Róimh ag ollchruinniú daoine óga, agus an Pápa Eoin Pól II i láthair: "Táim tar éis m'fhéiniúlacht mar Chríostaí a aimsiú trí réiteach a dhéanamh ionam féin idir an creideamh i mo chúlra Protastúnach agus creideamh na hEaglaise Caitlicí."

Leathnú amach

Chomh luath is a bhí dáréag sa chomhluadar, d'imigh beirt i 1951 tríocha míle ó thuaidh chuig ceantar mianadóireachta, chun cónaí agus oibriú ann. As sin amach, bhí bráithreachais (shealadacha) á mbunú acu i dtíortha éagsúla, san Eoraip i dtosach agus ansin timpeall an domhain. Maireann na bráithreachais sin roinnt míonna nó cúpla bliain. Bhí siad san Ailgéir i rith chogadh na saoirse ann, nuair ba iad an t-aon dream Eorpach a raibh cead acu cónaí i measc na nArabach. Bíonn urnaí i gcoiteann mar lárionad an tsaoil sna bráithreachais. Is é dualgas na mbráithre i mbráithreachas, mar sin, a bheith mar "chomharthaí ar láithreacht Chríost agus iompróirí lúcháire".

Nuair a bhí Dara Comhairle na Vatacáine le tosú i 1962, tháinig cuireadh ón gCairdinéal Bea do Roger Schutz agus do bhráthair eile ó Taizé teacht mar aíonna den Rúnaíocht um Aontas Críostaí ag an gComhairle. As sin, d'eascair cairdeas idir Taizé agus easpaig ó Mheiriceá Laidineach, m.sh. Dom Helder Cámara. Bhí an Bráthair Roger i láthair ag comhdhálacha móra na hEaglaise in Medellin (1968) agus Puebla (1979).

Sna 1960í freisin, thaistil ochtar bráithre go Sasana, áit ar bhuail siad le cara le Taizé a bhí ina Easpag Anglacánach in Sheffield. I 1962 chaith an Bráthair Roger seachtain in Istanbul in éineacht leis an bPaitriarc Athenagoras. Nuair a ainmníodh an Dr. Carson Blake ina Ard-Rúnaí ar Chomhdháil Dhomhanda na nEaglaisí (WCC) sa Ghinéiv, tháinig sé láithreach ar cuairt chuig Taizé agus lean sé ag déanamh cuairte go minic ina dhiaidh sin. Cé go raibh baill den WCC ann a bhí amhrasach faoi Taizé, d'éirigh le Dr. Blake cuireadh a thabhairt don Bhráthair Roger labhairt ag a gcomhthionól in Uppsala (An tSualainn) i 1968.

Cuairteoir tábhachtach a tháinig go Taizé ná Karol Wojtyla a tháinig ann dhá uair agus é ina Ard-Easpag ar Krakow. Mar Phápa Eoin Pól II tháinig sé ann i 1986. Chuir an Bráthair Roger fáilte roimhe, ag rá: "Inár gcomhphobal in Taizé, bíonn leanúint 'Chríost na Comaoine' mar thine ar lasadh ionainn. Gineann do theacht go Taizé lúcháir a shíneann go doimhneacht an anama". Ina aitheasc freagartha, dúirt an Pápa: "téann duine trí Taizé mar a théann i ngar d'fhuarán uisce". Bhuail sé leis na bráithre agus thug sé teachtaireacht scríofa dóibh; mhol sé a saol agus a saothar, agus dúirt sé go raibh éacúiméineachas ina thosaíocht thréadach dó féin.

An Óige

Cá bhfaighfeá a leithéid d'áit sa domhan le sluaite de dhaoine óga ag guí trí huaire sa lá? In Éirinn agus i móran de thíortha an Iarthair tá an t-aos óg ag tréigean na n-eaglaisí agus seirbhísí eaglasta. Cad a mheallann go Taizé iad?

Ní hé gur beartaíodh mar sin é. Thosaigh daoine ag teacht ar cuairt chuig an gcomhphobal i dtreo dheireadh na 1950í, agus osclaíodh ionad aíochta dóibh i sráidbhaile sa chomharsanacht. Fuarthas amach go raibh sin rófhada ar shiúl, agus trí champaí oibre tógadh iostas simplí ar an gcnoc féin. Thóg grúpa innealtóirí óga agus cúntóirí ón nGearmáin Eaglais an

Athmhuintearais i 1962; foirgneamh mór simplí, déanta as coincréit atá ann, ar féidir le 6,000 duine dul isteach ann. Méadaíodh é i 1990-91.

Nuair a bhuailtear na cloig – ar maidin, ag meán lae, agus um thráthnóna – stoptar gach cruinniú agus gníomhaíocht eile agus díríonn cách ar an eaglais. Níl suíocháin ná binse ann agus bíonn gach aon duine ar a ghlúine, ina shuí ar an urlár, nó ina sheasamh, agus na bráithre sa lár. Bíonn atmaisféar ciúin, síochánta roimh an gcuairteoir ann, agus (rud nach mbeifeá ag súil leis in ionad a bhunaigh Protastúnaigh) bíonn an Chúltaisce Eocairisteach, a mbíonn solas dearg le feiceáil os a comhair. Sna blianta tosaigh, Fraincis amháin a d'úsáidtí sna seirbhísí, ach anois bíonn réimse leathan teangacha ann – deich gcinn go minic in aon turas amháin – i dtreo is go mbeadh cuid éigin de na léachtaí agus na hurnaithe intuigthe do chách.

Tá ceol Taizé ar eolas go forleathan – dúirt ógánach as Éirinn agus é ar cuairt ann go raibh ionadh air "iomainn a chantar ina pharóiste a chloisteáil!" Bheartaigh an comhluadar díriú ar chantaireacht shimplí, lena lán athrá, a d'oirfeadh do dhaoine ó thíortha agus ó chultúir éagsúla. Bíonn béim ar na Scrioptúir, sleachta á léamh agus sosanna do mhachnamh. Deirtear paidreacha a bhaineann leis an saol laethúil. Léirítear do dhaoine óga gur rud beo bríomhar é an creideamh agus nach bhfuil sé scartha ón ngnáthshaol. Sna seisiúin tráthnóna, bíonn "guí an phobail" le hintinní do dhaoine ó thíortha éagsúla. Fanann roinnt bráithre san eaglais tar éis na seirbhíse tráthnóna chun éisteacht le haon duine a dteastaíonn uaidh/uaithi labhairt leo. Gach maidin, lasmuigh de na seirbhísí san eaglais, tugann duine de na bráithre caint ghairid ar phíosa scrioptúir, agus caitheann daoine tamall ag machnamh air sin i ngrúpaí beaga.

Bíonn béim mhór in Taizé ar shimplíocht – go leor ríse is aráin ag béilí agus araile. Scríobh an Bráthair Roger tráth: "Ceann d'fhíorshuáilcí an tSoiscéil is ea dul níos faide i gcónaí i dtreo na simplíochta croí, a thugann aghaidh ar shimplíocht mhaireachtála". Glacann gach duine a fhanann ann páirt in "obair tí", ag dáileadh béilí, ag ní gréithre, ag glanadh seomraí folctha, srl. Bíonn daoine meallta le saol urnaí ann i spiorad na mBiáide. Thuig an Bráthair Roger go mbíonn daoine óga inniu ag tóraíocht dóchais agus síochána ina saol, agus i litir a scríobh sé sa bhliain dheireanach dá bheatha luaigh sé véarsa ó Irimia (29:11): "… smaointe síochána agus ní oilc, a thabhairt croí agus dóchais daoibh".

Um Cháisc 1970, cuireadh tús le céim nua ar aistear Taizé i dteannta leis an óige. Bhí cruinniú mór le 2500 duine óg ó thíortha an domhain ann. Rinneadh réamhobair ar mholtaí agus ar thuairimí óganach as na hilchríocha go léir agus tugadh suntas ar leith dóibh siúd ón Deisceart.

Bhí daoine ó Mheiriceá Theas ag labhairt ar: "an ngá práinneach d'Eaglais atá níos cáscúla, Eaglais a shéanann meáin chumhachta, agus a thugann fianaise dhílis don Soiscéal a shaorann daoine". Eisíodh ráiteas leis na téamaí seo:

"Ceiliúraimid Críost Aiséirithe san Eocairist.

Ceiliúraimid Críost Aiséirithe trínár ngrá don Eaglais.

Ceiliúraimid Críost Aiséirithe inár ndeartháireacha agus inár ndeirfiúracha".

Tar éis do na daoine óga a gcuid a rá, d'fhógair an Bráthair Roger: "táimid chun comhdháil na hóige a thionól", agus tharla sé sin i 1974.

Cruinnithe timpeall an domhain

Thug a chuid turas iomadúil Roger Schutz don Liobáin i 1982, tír a bhí réabtha ag cogadh. D'fhógair sé ag preasagallamh go mbunófaí "oilithreacht iontaoibhe ar talamh". Is é a bhí i gceist ná oilithreacht dhomhanda áit a mbeadh béim ar athmhuintearas agus ar pháirtíocht na hóige, ach le daoine aosta páirteach freisin. Thosódh sé in a lán ionad i dtíortha éagsúla, bheadh cruinnithe urnaí i bpríomhchathracha na hEorpa, cruinnithe Thoir-Thiar san Ungáir, dhá chruinniú idirilchríochach in Madras, agus níos mó. I 1985 chuaigh an Bráthair Roger go Nua-Eabhrac chun labhairt le hArd-Rúnaí na Naisiún Aontaithe, agus chuir sé roimhe sé cheist ó dhaoine óga a léirigh a mianta faoi shíocháin agus faoi dhí-armáil.

Roimhe sin, bhí sé tar éis treoracha a scríobh faoin teideal *Cúrsa Taistil Oilithrigh*. Luaigh sé ann trí bhunphointe: "an mhóimint a cheiliúradh le Dia, streachailt le croí ag déanamh athchairdis, agus a bheith in éineacht le Críost trí bheatha shimplí".

Bhí cruinníthe seachtaine in Taizé chun machnamh ar na nithe sin, agus bhíodh imeachtaí i dtíortha éagsúla ag brath ar na toscaí agus riachtanais. I bhfo-bhaile ar imeall Lisboa ina raibh plódcheantar lena lán daoine bochta ó Oileáin Cap Verde, bhíodh grúpa ag dul chucu go seachtainiúil ag míniú go mbaineann Dea-scéal an tSlánaithe le gach duine. I 1989, bhí cruinniú mór Thoir-Thiar in Pécs san Ungáir le 20,000 duine páirteach; ina dhiaidh bhí urnaí choiteann in Ardeaglais Naomh Stiofán in Budapest, áit a raibh Easpaig ó Eaglaisí Caitliceacha, Leasaithe, agus Liútaracha, páirteach. Ba nuacht domsa, agus b'fhéidir do líon mór léitheoirí de chuid an leabhair seo, go raibh cruinniú den saghas céanna i mBaile Átha Cliath i 1985 – ba bheag aird a thug na meáin chumarsáide air. Tháinig 5000 duine don ócáid agus bhí na céadta ó Thuaisceart Éireann ann. Líonadh an Leas-Ardeaglais Chaitliceach, ceann de shean-Ardeaglaisí de chuid Eaglais na hÉireann, agus eaglais eile i lár na cathrach. Feistíodh córas raidió i dtreo is nuair a labhair an Bráthair Roger in eaglais amháin gur chualathas go comhuaineach sa dá cheann eile é. Dúirt roinnt Protasúnach ón Tuaisceart gurbh é an chéad uair acu bheith laistigh d'eaglais Chaitliceach.

Gné eile den "oilithreacht iontaoibhe" ná cruinnithe móra i gcuid de phríomhchathracha na hEorpa. Nuair a tionóladh ceann sa Róimh bhí Baisleac Naomh Peadar ag cur thar maoil agus 10,000 bailithe lasmuigh. Chomh maith leis na hollchruinnithe urnaí sin, ba é an teacht le chéile ar bhonn pearsanta a chuaigh i bhfeidhm ar dhaoine.

Ba i ndiaidh na gcruinnithe sin a tuigeadh a dtábhacht agus a dtorthaí. Dúirt sagart paróiste i Londain:

"Ba ar éigean a bhí eolas ar bith agam faoi Taizé. Tá rud éigin i mo pharóiste le hathrú. Bhí go leor grúpaí urnaí againn ach iad go léir do dhaoine os cionn 40. Ní thagadh an t-aos óg."

Tiomantas agus spiorad Taizé

Manaigh nua-aimseartha atá i gcomhluadar Taizé, lena gcuid taistil agus a ndúthracht don tsíocháin agus don aontas. Tar éis ceithre bliana nó cúig bliana d'ullmhúcháin, tuigeann bráthair nua an bhfuil an ghairm aige ó Chríost, chun maireachtála lena chomhbhráithre, i gcomhroinnt nithe ábhartha, agus in aontumha. Chomh fada siar le 1952, scríobh an Bráthair Roger faoi thuiscint nua ar "údarás" – ní hé guth an mhóraimh é, ach a bheith Críost-lárnach. Ní usáidtear an focal "bochtanas" mar a bheadh idéal ann, ach sa Riail deirtear: "is é is brí le spiorad an bhochtanais ná maireachtáil i lúcháir gach uile lá". Ó cheardlanna (m.sh. potaireacht) agus ó scríobh agus ó chlódóireacht leabhar, a gheibheann na bráithre an t-ioncam atá de dhíth dá saol simplí.

Maidir le haontumha, glacann na bráithre le ráiteas Íosa: "duine ar bith a chailleann a bheatha ar mo shonsa, gheobhaidh sé é". Ba choincheap aduain do na Protastúnaigh é sin mar níl aontumha á cleachtadh ag ceann ar bith d'Eaglaisí an Reifirméisin. Cuireann an Bráthair Roger i gcomórtas le gairm an phósta í – dhá thiomantas an ghrá san Eaglais a chomhlíonann a chéile.

Gach aon bhliain, scríobhadh an Bráthair Roger litir oscailte chuig daoine óga mar ábhar machnaimh agus i gcomhair ullmhúcháin do chruinniú Eorpach na n-aosánach a thionóltar ag deireadh na bliana. D'aistrítí na litreacha chuig 57 dteanga agus scaiptí go forleathan iad. I gceann díobh faoin teideal "Chuig foinsí na lúcháire", chuir sé an cheist: "conas is féidir linn dul chuig foinsí na cneastachta, na lúcháire, na muiníne?"

agus d'fheagair se: "aimsímid an bealach trí fhéinghéilleadh do Dhia". Sa litir chéanna, luaitear gur scríobh Críostaí ón Afraic darb ainm Aibhistín: "gráigh, agus abair é le do bheatha". I gceann eile de na litreacha faoin teideal: "Todhchaí na síochána", tá an abairt: "de réir mar a thagaimid níos gaire don Soiscéal, is é is gaire a thagaimid dá chéile". Luaitear sa litir sin sleachta ó Ghníomhartha caibidil 2 faoin aontas idir na chéad Chríostaithe.

Sna litreacha sin, cuireadh isteach teachtaireachtaí a tháinig ón bPápa Eoin Pól II, ó Phaitriarc Constantinople, Paitriarc Mhoscó, Ard-Easpag Canterbury, agus ó Kofi Annan – rud a léiríonn an meas domhanda ar Taizé. Freisin, bhí paidir ann ón mBráthair Roger do gach mí den bhliain.

Bás míthráthúil agus searmanas cuimhneacháin

Bhí mo bhean chéile agus mé féin ar saoire ar bhruach na Fraince de Lac Léman (Loch na Ginéive) i mí Lúnasa 2005. Lá amháin bhíomar i gcaife nuair a chonaic mé nuachtán áitiúil a fágadh ar bhord taobh linn. Cé nach bhfuil Fraincis agam, b'fhuirist an ceannteideal mór ar an bpríomhscéal a thuiscint: **"Le Frère Roger a été assassiné – Un Geste Inexpliqué".** Baineadh geit mhór asainn, dar ndóigh. Tar éis dúinn filleadh abhaile, fuair mé aistriúchán ar an tuairisc ar nuachtán eile *Le Monde:* 'Tá Frère Roger, bunaitheoir chomhluadar Taizé, feallmharaithe. Sháigh Rómánach mná, 36 bliain d'aois, é le linn phaidreacha an tráthnóna, os comhair 2,500 ógánach. Gabhadh agus cuireadh faoi choinneáil láithreach an Rómánach mná a mharaigh Frère Roger, Dé Máirt an 16 Lúnasa. Tharla sé timpeall 8.45 i.n. i Séipéal an Athmhuintearais in Taizé. "D'éirigh leis an ionsaitheoir sleamhnú isteach i lár chór na mbráthar agus bogadh ina threo, ach ní fhacamar í mar bhí ár gcúl léi', dúirt Frère Emile, urlabhraí an chomhluadair. "Chualamar an scread, d'iompaíomar timpeall, ach bhí sé déanta".

Rinne dochtúir a bhí i láthair, agus an dochtúir áitiúil, cúram de Frére Roger, ach fuair sé bás timpeall 9 i.n. Bhí Roger Schutz, a bhí 90 bliain d'aois, ina Phrotastúnach agus é ina chéimí le diagacht, a thiomnaigh a shaol don athmhuintearas idir Chríostaithe.

Caitliceach Gearmánach, Frère Alois, a bheidh mar chomharba ar Frère Roger in Taizé. "Ocht mbliana ó shin roghnaigh Frère Roger Frère Alois de réir rialacha an chomhluadair, go roghnódh an prióir a chomharba féin. Mar ógánach a tháinig Frère Alois go Taizé ar dtús. Tá sé ina bhall anois le 32 bhliain. Rinne sé an-chuid taistil do Taizé i dtíortha an Oirthir. Bhí ar Frère Alois filleadh Dé Ceadaoin ó laethanta domhanda na hóige in Köln na Gearmáine, áit ar chuir scéala mharú Frère Roger scaoll i measc an tslua". Dúradh níos déanaí go raibh an bhean a rinne an feallmharú, as a meabhair.

Mí ina dhiaidh, bhí mé i láthair ag seirbhís urnaí tráthnóna éacúiméineach sa Leas-Ardeaglais i mBaile Átha Cliath. Bhí Easpag Caitliceach agus Easpag de chuid Eaglais na hÉireann maille le hionadaithe ó eaglaisí Críostaí eile, páirteach. Bhí an Leas-Ardeaglais plódaithe, mar a raibh idir óg is aosta, agus an-atmaisféar ann – ciúin, leath-dhorcha le solas coinnle. Úsaideadh cantaireachtaí simplí Taizé – "Laudate Omnes Gentes", "Ubi Caritas", "Christe Lux Mundi" – léachtaí ó na scrioptúir i dteangacha éagsúla, agus léadh teachtaireacht agus paidir ó Frère Alois.

Le linn a bheatha, bronnadh Duais Templeton ar an mBráthair Roger (1974) i leith dul chun cinn an Éacúiméineachais. Tamall gairid roimh a bhás féin, d'fhreastail an Bráthair Roger ar shochraid an Phápa Eoin Pól II sa Róimh. Tugadh suíochán sa chéad sraith dó agus fuair sé Comaoin Naofa ón Chairdinéal Ratzinger (an Pápa Benedict XVI anois) – rud suntasach do Phrotastúnach.

Ray Davey

1915 –

Ministir Preispitéireach, Príosúnach Cogaidh, Bunaitheoir Phobal Choraidh Mheallach

"A Thiarna, déansa díom ionstraim do shíochána"
(paidir Naomh Proinsias)

Ó Dhún Mhuirí go Tobruk agus as sin go Dresden

Rugadh Robert Raymond Davey i 1915 i nDún Mhuirí, a bhí ag an am ina shráidbhaile ar an taobh ó dheas de Bhéal Feirste (agus atá anois ina bhruachbhaile de chuid na cathrach). Beirt deirfiúracha agus beirt deartháireacha a bhí aige agus a n-athair ina Mhinistir Preispitéireach. Tógáil "chompordach mheánaicmeach a fuair siad agus chuir Ray "In Praise of Village Life" mar theideal ar chaibidil i gceann dá leabhair.

Dar ndóigh, Críostaithe maithe ba ea na tuismitheoirí agus creideamh préamhaithe sa Bhíobla acu, go háirithe an Tiomna Nua. Ní cheadaítí cluichí ar an Domhnach, agus bhíodh an mháthair ag léamh do na páistí ó leabhair faoi laochra agus faoi mhairtírigh an chreidimh – liosta leathan a chuimsigh Proinsias Assisi, Bearnard Clairvaux, Naomh Pádraig, Naomh Colm Cille, David Livingstone, an tAthair Damien. Cé go raibh siad dílis dá dtraidisiún féin, múineadh dóibh le meas a bheith acu ar dhaoine ó thraidisiúin eile.

Fuair Ray bunoideachas i mbunscoil phríobháideach i dtosach agus ansin i Scoil Phoiblí a bhí faoi stiúir na hEaglaise. Ag aois 10 mbliana, cuireadh chuig Foras Ríoga Ollscolach Bhéal Feirste é, agus bhíodh sé ag taisteal ar thraein go laethúil chuige. As sin chuaigh sé ar aghaidh go hOllscoil na Ríona mar ar bhain sé amach céim B.A. Bhíodh sé gníomhach ann i nGluaiseacht Chríostaí na Mac Léinn trínar osclaíodh a shúile do chomhluadar nár Phreispitéirigh iad – go dtí sin ba ar éigin a bhí aon eolas aige faoi Eaglais na hÉireann ná faoin Eaglais Mheitidisteach, agus bhí an Eaglais Chaitliceach as radharc! Ina theannta sin, bhí Ray ar fhoireann rugbaí na hOllscoile agus ag aois 20 dó, roghnaíodh ar fhoireann Chúige Uladh é a d'imir in aghaidh na *nAll Blacks*; thriail Ray preabchúl, a thabharfadh bua dóibh, ach chuaigh sé díreach ar foraíl, agus chríochnaigh an cluiche ar comhscór.

Tar éis dó an chéim a bhaint amach, chuaigh sé trasna an bhóthair chuig *Assembly's College* mar ar thosaigh sé cúrsa 3 bliana diagachta i 1936, mar bhí sé beartaithe aige dul le ministreacht Phreispitéireach. I rith a thréimhse ansin, d'fhan Ray i dteagmháil le saol na hOllscoile agus chuir sé aithne ar dhuine de cheannairí na mac léinn baineann Kathleen Burrows a mbeidh trácht arís uirthise. Fuair sé ceadúnas seanmóireachta i 1939 agus thosaigh sé mar Mhinistir cúnta i mBeannchar ar an lá ar fhógair Neville Chamberlain go raibh staid chogaidh idir an Bhreatain agus an Ghearmáin. Deir sé go bhfuair sé fíoroideachas i rith na gcúig bliana ina dhiaidh sin.

Bhí a lán de chairde ollscoile Ray ag liostáil i bhfórsaí na Breataine mar óglaigh. Bhí sé féin le hoirniú i 1940 ach cuireadh sin ar athló, agus chaith sé bliain ina Mhinistir cúnta. Bheartaigh sé dul chun cogaidh le Cumann Críostaí na bhFear Óg (YMCA) mar "oibrí páirce". Tar éis roinnt moille, glaodh air chun dul don Mheán-Oirthear. Roimh imeacht ó Bhéal Feirste dó, bhuail sé le Kathleen (bhí siad ina gcairde maithe faoin am sin) agus d'fhág siad slán ag a chéile gan tuairim acu go n-imeodh cúig bliana sula mbuailfidís le chéile arís. Bhí dhá chúram le bheith ag na hoibrithe YMCA: (1) seirbhísí Bialainne a chur ar fáil do shaighdiúirí agus teachtaireachtaí a chur abhaile dóibh; (2) ionad a riaradh inarbh fhéidir le fir de gach sainaicme chreidimh teacht le chéile i spiorad comhluadair.

Sheol siad ó Ghlaschú timpeall chósta na hAfraice, trí chanáil Suez, go Cairo, a shroich siad Lá Caille 1941. Bliain go leith a chaith Ray agus a chompánaigh YMCA san fhásach. Bhí gluaisteán Ford V8 agus dhá jíp acu agus bhídís ag tabhairt cuairteanna ar shuímh mhíleata éagsúla ag breith leo bia, deochanna, litríocht, agus na nuachta ba dhéanaí. Bhunaigh siad lárionad in Tobruk, calafort in Libia a ghabh na Briotanaigh ó na hIodálaigh. Foirgneamh mór a bhí ann a raibh orthu athchóiriú mór a dhéanamh air. Bhíodh seirbhísí eaglasta de gach saghas i séipéal ann. Scríobh Ray: "it was probably the most ecumenical in the Middle East". Bhíodh cóineartú ag Easpag Pretoria, faoistiní ag sagairt Chaitliceacha, seirbhísí rialta á stiúradh ag Ray agus ag Ministirí eile, agus fiú amháin seirbhís Ghiúdach. Dar leis gur fhréamhshamhail é de chomhphobal Críostaí lán de bhrí.

I Meitheamh 1942, ghéill Tobruk don *Afrika Corps* faoin nGinearál Rommel agus gabhadh 15,000–20,000 d'fhórsaí na Breataine. Thug na Gearmánaigh ar láimh iad do na hIodálaigh, agus b'in tús le trí bliana ag Davey mar phríosúnach cogaidh. Tar éis cúpla lá míchompordach san fhásach, tugadh don Iodáil iad chuig Campo 65 in aice le Lucca. Ar ball seoladh chuig Campo 70 in oirthear na tíre iad. Bhíodh na fir go léir nach mór ag teacht chuig seirbhís eaglasta ar an Domhnach, arna stiúradh ag Ray agus a chomhghleacaithe YMCA. Ina leabhar *War Diaries*, scríobh sé go raibh air cinneadh a dhéanamh idir a chuid ama "a chur isteach" mar phríosúnach cogaidh nó glacadh leis an staid mar dhúshlán agus rud dearfa a chruthú as. Roghnaigh sé an dara ceann. I leabhar dá chuid *Take Away This Hate*, thuairisc sé go raibh a chreideamh acadúil go dtí sin ach mar phríosúnach bhí air cibé creideamh a bhí aige a oibriú amach sa saol nua agus dul trí thrialacha gach lá. Bhí am acu léamh, staidéar, agus machnamh a dhéanamh agus b'éigean dóibh creidiúint go raibh Dia leo i ndeacrachtaí uile a saoil sa phríosún.

I bhfómhar na bliana 1943, tháinig deireadh le réimeas Mussolini agus ghéill an Iodáil do na comhghuaillithe. Bhí arm Gearmánach, faoi Rommel arís, tar éis teacht trasna na nAlp. Ghlac siad ceannas ar Campo 70 agus de réir a chéile tugadh na príosúnaigh i mbuíonta chuig an nGearmáin. Chaith Ray agus a bhuíon sé lá an-mhíchompordacha i vaigín traenach gur shroich siad Hohnstein in Sacsaine, 15 míle as Dresden. Bhí Hohnstein Burg (caisleán) ina cheanncheathrú ag Stalag IV A&B, sraith campaí a mbíodh na príosúnaigh chogaidh ag dul amach astu mar *Arbeitkommando* (grúpaí oibre) – bhí ar ghnáthshaighdiúirí obair a dhéanamh (ní bhíodh ar na hoifigigh) agus bhídís ag dul chuig monarchana, mianaigh ghuail, agus i mbun garraíodóireachta don mhargadh, agus araile. Bhí Ray i mbun oibre tréadaí do 60 Kommando agus roinnt ospidéal. Ar ball, aithníodh mar shéiplíneach "iomlán" é agus rinneadh captaen de.

Chaith Davey agus a chomhphríosúnaigh ó Nollaig 1943 go Bealtaine 1945 ansin. Bhí príosúnaigh chogaidh ó thíortha éagsúla san Eoraip, Rúisigh san áireamh, ann agus bhíodh na hIartharaigh ag fáil beartáin bhia, leabhar agus araile ón gCros Dhearg agus ón YMCA sa Ghinéiv. I bhFeabhra na bliana 1944 fuair Ray deich litir le chéile, ocht gcinn óna chlann agus dhá cheann ó Kathleen. Ina dhialann, dúirt sé gurbh iontach iad na litreacha ó Kathleen, gur thosaigh sé ag taibhreamh faoin todhchaí agus go bhfuair ceithre litir uaithi laistigh de choicís! Bhíodh cead aige taisteal agus coimhdire in éineacht leis, chuig na Kommando éagsúla sa cheantar ag stiúradh seirbhísí, ag tabhairt comhairle spioradálta do na príosúnaigh, agus ag iarraidh misneach a thabhairt dóibh siúd a bhí in ísle brí. Thagadh lionn dubh air féin uaireanta agus cuireadh dúshlán roimhe faoina chreideamh. Ach ansin tháinig litir eile ó Kathleen. Dúirt sé go raibh súil aige go mbeadh a grá tuillte aige. Bhraith sé go raibh a shaol féin i dteagmháil lena saol sise de bharr rudaí éagsúla – cúlra, oideachas, spórt, daoine, reiligiún.

Faoi thús 1945 bhí súil acu go léir le deireadh an Chogaidh, na Gearmánaigh san áireamh. Bhí a fhios acu go raibh na Rúisigh ag druidim leo anoir agus na Meiriceánaigh ag teacht aniar – agus súil acu gurbh iadsan a thiocfadh i dtosach. Bhí Dresden plódaithe le teifigh. I mí Feabhra bhí Davey sa chathair sin ag tabhairt cuairte ar roinnt Kommando. D'iarr sé cead fanacht níos faide ann ach diúltaíodh dó, agus d'fhill sé ar Hohnstein roinnt uaireanta a chloig sular thosaigh an t-aer ruathar uafásach le buamaí loiscneacha. Ní raibh aon ionad míleata ná monarchana móra ann agus bhí a fhios ag na Comhghuaillithe faoi na teifigh. Meastar go raibh 300,000 díobh ann. Bhí ceithre oll-aer-uathar in imeacht dhá lá ag an Aerfhórsa Ríoga (RAF) agus ag Aerfhórsa Mheiriceá. Maraíodh níos mó daoine in Dresden ná in Nagasaki, meastar. Seachtain níos déanaí, fuair Davey deis filleadh ann agus chonaic sé an scrios a rinneadh ar chathair álainn – ní raibh foirgneamh fágtha slán in achar deich míle chearnacha. Chuaigh uafás Dresden i bhfeidhm go mór air. Léiríodh dó an tragóid a bhaineann le briseadh muintearais idir náisiúin agus easpa fíorchomhluadair.

Slán abhaile (go Kathleen) agus post mar Shéiplíneach

Mar is eol dúinn, lean an Cogadh san Eoraip go dtí tús mhí Bealtaine. Maidin amháin dhúisigh na príosúnaigh agus fuair siad amach go raibh na saighdiúirí Gearmánacha a bhí á ngardáil imithe agus geataí Hofstein Burg ar oscailt. Ar aghaidh le grúpa díobh le cibé beagán bia a bhí acu, thosaigh siad ag siúl siar, agus tar éis dóibh dul thar ghrúpaí saighdiúirí Rúiseacha, bhuail siad leis na Meiriceánaigh in aice le Karlsbad. Ba mhór an ríméad a bhí orthu tar éis na mblianta i ngéibheann. Fuair siad bia, folcadh, scíth, agus ar ball d'eitlil siad go dtí an Bhruiséal agus ansin go Londain, mar ar tugadh éadaí agus airgead dóibh.

Thosaigh Ray ag déanamh teagmhála lena mhuintir, a bhí scaipthe idir Béal Feirste agus an Bhreatain. Bhí cead ag iar-phríosúnaigh chogaidh glao gutháin saor gan teorainn ama a dhéanamh. Ghlaoigh sé ar Kathleen a bhí i nDún Éidean (mar ar chaith sí cúpla bliain i mbun oibre le hógánaigh). Dúirt sí liom in agallamh gur chaith siad fiche nóiméad ar an nguthán gan focal ó dhuine díobh, bhí siad chomh lán le mothúcháin tar éis a bheith scartha le cúig bliana! Fuair sé traein thar oíche ó Londain go Dún Éidean is chaith sé cúig lá ann – teacht le chéile den scoth don bheirt acu. Ansin abhaile leis go Dún Mhuirí agus chuig a thuismitheoirí. Tar éis dó filleadh ar Dhún Mhuirí, oirníodh Ray in eaglais a athar díreach sular éirigh seisean as a phost.

Phós Ray Davey agus Kathleen Burrows ar 2 Eanáir 1946, agus tá saol sona le chéile acu le trí scór bliain. Fuair seisean post mar shéiplíneach Preispitéireach in Ollscoil na Ríona, post a d'oir go mór dó, agus d'fhan sé ann go dtí 1970. As a thaithí i rith an Chogaidh, thuig sé an tábhacht le gaol ceart idir dhaoine, le hathmhuintearas, agus le comhluadar Críostaí. Tá sé scríofa go raibh tionchar aige ar ghlúin daoine óga, a lán daoibh a bhí ag druidim amach ó shaol eagraithe eaglasta. Chonaic siad maitheas agus réalachas ann a thug brí don reiligiún agus a rinne tarraingteach é. Scríobh an Dr David Stevens, ceannaire reatha Phobal Choraidh Mheallach, go mbíodh Ray ag caint go spioradálta i dteanga athmhuintearais agus faoi thábhacht an ghaoil idir dhaoine, ag tráth go raibh a leithéid neamhfhaiseanta; "is fáidh é do thodhchaí le chéile".

Sna 1950í agus 1960í thosaigh sé ag tabhairt grúpaí mac léinn, daoine nach raibh ag staidéar diagachta, ar thurais san Eoraip. Cheap sé gur thábhachtach dóibh bualadh lena gcomhghleacaithe sa Ghearmáin agus san Iodáil. Thug sé cuairt ar ghrúpaí Críostaí mar Agape, Taizé, agus Oileán Í. Ba é an catalaíoch dó ná George McLeod, bunaitheoir Chomhphobal Oileán Í. Thug Davey cuairt air go luath i ndiaidh an Chogaidh agus léigh sé a leabhar *We Shall Rebuild.* Fuair sé freagra ar cheisteanna a bhí aige féin i ndearcadh McLeod faoi dhúshlán do na heaglaisí in aghaidh slánú aonair. Ar thuras ar an Mór-Roinn i 1952, bhuail sé le Karl Barth, diagaire cáiliúil Protastúnach, in Basel; d'fhiafraigh mac léinn de "cad is féidir *linne* a dhéanamh ar son na síochána?", agus ba é freagra Barth ná: "Téigí abhaile agus réitígí bhur n-áit féin!"

Ina leabhar *Take Away This Hate*, scríobh Davey gurbh é an ócáid ba shuntasaí as na turais sin ná tús caidrimh leis an Tréadaí Tulio Vinay agus Comhphobal Agape in iarthuaisceart na hIodáile gar don Fhrainc. Bhain Vinay le hEaglais Waldensiach. I rith an Chogaidh bhí sé lonnaithe in Firenze, áit inar chabhraigh sé le Giúdaigh éalú ó na Gearmánaigh. Ag deireadh an Chogaidh, ceapadh ina Thréadaí don Óige é agus bhí sé ag lorg bearta a bheadh éifeachtach chun dóchas agus fís a chruthú don todhchaí. Chuaigh sé i gceann Sráidbhaile Agape a thógáil go hard sna hAlpa agus thosaigh daoine óga ag teacht ann as tíortha éagsúla. Bhíodh staidéar an Bhíobla ar siúl acu agus comhluadar á chothú. Chuaigh Vinay ó dheas go Riesi i lár na Sicile i 1961 agus bhunaigh sé *Servizio Christiano* i measc na mbocht ann. Chuaigh saothar Tulio Vinay i bhfeidhm go mór ar Ray Davey agus eisean a roghnaíodh chun labhairt ag oscailt Phobal Choraidh Mheallach.

Ar feadh dhá bhliain i lár na 1960í, bhíodh grúpa in Ollscoil na Ríona ag teacht le chéile go rialta ag plé conas a d'fhéadfaí na samplaí agus na heispéiris as tíortha eile a chur i ngníomh sa bhaile. Thuig siad tábhacht an chomhphobail agus d'fhiafraigh Ray i Meán Fómhair 1964 cén saghas comhluadair a bhí uathu. Chinn siad ar fhoirgneamh oiriúnach a lorg. Ansin chuala siad go raibh brú saoire darb ainm Caraidh Mheallach, in aice le Baile an Chaisil i dTuaisceart Aontroma, ar díol. Thug Ray tairiscint £8500 don ghníomhaire agus d'éirigh leis an foirgneamh agus na tailte a cheannach. Thosaigh siad ag bailiú airgid agus ag eagrú campaí oibre do mhic léinn, cuid acu ón iasacht.

Bunú agus Tús le Pobal Choraidh Mheallach

Thuig Davey agus a chomhghleacaithe go raibh gá le struchtúr. Toghadh eisean ina cheannaire, post ar fhan sé ann go dtí 1980. Fuair siad fear a bhí sásta oibriú gan phá mar bhardach cónaithe. Faoi dheireadh, i bhfómhar na bliana 1965, bhí an t-ionad ullamh agus socraíodh ar oscailt oifigiúil. Bhailigh dhá chéad duine ann agus tháinig Tulio Vinay chun an t-aitheasc oscailte a thabhairt. Cé nach raibh ach beagán Béarla aige, spreag a óráid ghairid gach duine a bhí i láthair. Dúirt sé go raibh súil aige le cúnamh Dé go mbeadh sa lárionad sin:

1 áit i gcomhair fhógairt an Domhain Nua mar a fheicimid i bpearsa Íosa Chríost é;

2 áit teagmhála agus agallaimh le haghaidh creidmheach agus neamhchreidmheach;

3 comhartha ceiste don Eaglais ar fud na hEorpa i dtreo is go ndéanfadh sí athbhreithniú ar a struchtúr agus a cuid oibre;

4 thar na rudaí eile, go raibh agaibhse – atá le chéile - súile agus cluasa ar oscailt le go dtuigfidh sibh bealach an Tiarna agus É in bhur láthair, agus go mbeidh sibh réidh chun an bealach a thaispeánfaidh sé daoibh a leanúint.

Mar fhreagra, dúirt Ray go raibh súil acu go mbeadh "aitheantas ag Coraidh Mheallach mar Shráidbhaile Oscailte, oscailte do gach aon duine le dea-mhéin a bhuailfidh lena chéile, a fhoghlaimeoidh óna chéile, agus a oibreoidh lena chéile ar mhaithe le cách".

An dara hócáid mhór ann, tharla sí um Cháisc 1966, tráth a bhí mórchomóradh ar Éirí Amach 1916 ar siúl sa Phoblacht. Bheartaigh *Corrymeela* ar chomhdháil a reachtáil ar an téama "Comhphobal 1966". D'fhreastail 60 duine ar an gcomóradh, thart ar leath is leath idir Chaitlicigh is Phrotastúnaigh. Tháinig Terence O'Neill, a bhí ina Phríomh-Aire ar Thuaisceart Éireann ag an am, chun óráid mhór tionscnaimh a thabhairt ag an gcomhdháil, agus mar sin, is iomaí aird a tarraingíodh ar an ócáid.

Ar ball, agus imeachtaí ann faoi lánseol, bhíodh daoine ag fiafraí cad é Pobal Choraidh Mheallach? Bhíodh ag teip ar ranna Rialtais é a rangú go néata. Ba é freagra Davey ar an gceist: 'Is Comhphobal Críostaí é Pobal Choraidh Mheallach atá tiomnaithe don Athmhuintearas'. Ionas go gcoimeádtar béim ar an ngné Chríostaí, bíonn seirbhís ghairid urnaí dhá uair sa lá sa Lárionad i dTuaisceart Aontroma agus bíonn a leithéid freisin sa teach atá acu gar don Ollscoil i mBéal Feirste. Míníonn Davey a dhearcadh ar 'Chomhphobal' i dtéarmaí a bhaineann lena eispéiris sa Chogadh agus le bheith ag obair le mic léinn ollscoile. Is é dearcadh Davey ar Athmhuintearas ná gurb é bun agus barr na Críostaíochta é ('gach a bhfuil ar neamh agus talamh a thabhairt le chéile faoi cheannas Chríost' Eif. 1:10). Dar le saineolaithe go bhfuil ceithre fhoinse easaontais ann: ceann polaitiúil, ceann cultúrtha, ceann reiligiúnda, agus ceann sóisialta. Bíonn an clár ag Pobal Choraidh Mheallach ag iarraidh déileáil leo siúd go léir, le comhdhálacha deireadh seachtaine, seimineáir, ceardlanna, agus díospóireachtaí.

De réir a chéile, chuaigh Pobal Choraidh Mheallach chun cinn. Le cabhair ó thíortha eile, ó ghrúpaí sa Ghearmáin, ó chomhphobal bunaithe timpeall ar Ardeaglais Coventry i Sasana, srl. – tógadh foirgnimh eile: teachiní inarbh fhéidir le grúpaí fanacht agus aire a thabhairt dóibh féin, teach Coventry ina bhfhanann daoine óga a thagann ó chian agus ó chóngar chun bliain a chaitheamh ag obair ann go deonach. Ba é an áit ba thábhachtaí ann ná an 'Croí', foirgneamh cruinnithe a úsáidtear d'urnaí agus d'ócáidí móra i gcoitinne. Sa teach i mBéal Feirste, chomh maith le hobair riaracháin, bíonn cruinnithe do dhaoine nach féidir leo dul go Baile an Chaisil – bíonn seisiúin traenála agus oiliúna ann, agus díospóireachtaí ar cheisteanna éacúiméineacha, sóisialta, agus polaitiúla.

Chinn an chomhairle bhunaidh gurbh iad cuspóirí Phobal Choraidh Mheallach:

1 Tuataí Críostaí a oiliúint chun páirt fhreagrach a ghlacadh sa tsochaí agus san Eaglais;

2 Deis a thabhairt do dhaoine faoi bhrú teacht chuig tearmann mar a n-aimseoidís ciúnas i gcomhair athrú saoil;

3 Deis a thabhairt do ghrúpaí i measc an lucht gnó agus gairme teacht le chéile do chomhdhálacha agus le haghaidh staidéir;

4 Campaí oibre agus campaí don óige a bhunú mar a mbíonn bráithreachas Críostaí;

5 Ionad teagmhála athmhuintearais a bhunú.

Tá mórán déanta i dtreo is go gcuirfear na cuspóirí sin i gcrích.

Saothar Phobal Choraidh Mheallach

Ní raibh Pobal Choraidh Mheallach bunaithe rófhada nuair a thosaigh na "Trioblóidí" ag deireadh na 1960í. Nuair a bhí tithe á ndó agus daoine á ndíbirt óna n-áiteanna cónaithe i mBéal Feirste, thug Coraidh Mheallach dídean do theaghlaigh, go háirithe mná agus páistí. Bhí obair an chomhphobail níos deacra in atmaisféar corraithe an fhoréigin, ach rinne siad a ndícheall Paidir Naomh Proinsias a ghlacadh chucu féin agus a chur i ngníomh. Le linn ardtréimhse an fhoréigin, bhí ar fhoireann Choraidh Mheallach a gcuid clár a mhúnlú do dhúshlán nua – daoine agus teaghlaigh i mbaol, imeaglú, gortú, básanna agus a gcuid trioblóidí a chásamh le daoine. Léiríonn roinnt figiúirí an scála a bhí sroichte ag an obair i 1985 (i ndiaidh scór blianta): chaith 6,600 duine os cionn 20,000 oíche san Lárionad, bhí breis agus 200 grúpa tar éis teacht ann, chomh maith le 2,089 a tháinig ar chláir lae (tá na figiúirí méadaithe ó shin).

Ba é an córas a bhí ann ná go raibh na himeachtaí á stiúradh ag comhairle a bhí tofa as líon na mball – thart ar 170 díobh. Chomh maith le *baill* iomlána bhí *cairde*, thart ar 1,200 díobhsean. Tugann na cairde tacaíocht, idir airgead agus phaidreacha, agus tagann a lán díobh go Coraidh Mheallach uair sa bhliain nuair a chabhraíonn siad le reachtáil Sheachtain an Teaghlaigh nó tionscadal eile. Toisc gur 'comhphobal scaoilte' atá i gCoraidh Mheallach, bunaíodh "Cillíní" chun nasc a choimeád idir baill agus cairde in a lán áiteanna. Tagann siadsan le chéile go míosúil, agus lasmuigh de bhailiú airgid ag grúpaí áirithe, cuireann siad aithne níos fearr ar a chéile mar chomhluadar Críostaí agus faigheann siad oiliúint uaireanta ó aoi-chainteoirí faoi fhadhbanna sa tsochaí. Chomh maith le stiúrthóir, foireann an tí, srl. sa Lárionad, tá daoine a chaitheann cúpla bliain nó níos mó mar oibritheoirí lánaimseartha ar chláir ar leith: Oibritheoirí Teaghlaigh agus Comhluadair, Comhordaitheoir don Óige, Oibritheoir Scoileanna, Oibritheoirí i leith Oideachais Chríostaí – bhí sagart d'Ord an tSlánaitheora agus Ministir as Meiriceá sa phost sin.

Scríobh Ray Davey leabhar dár teideal *Take Away This Hate*, teideal bunaithe ar líne as dráma le Seán O'Casey: "Take away this murdherin' hate, an' give us Thine own eternal love". Bhí sé tar éis cuairt a thabhairt ar *Kirchentag* – lá eaglasta – sa Ghearmáin, agus chuaigh na sluaite móra a tháinig ann agus an clár, i bhfeidhm go mór air. Ar ais i gCoraidh Mheallach dó, phléigh sé le John Morrow (Ministir Preispitéireach eile a tháinig mar chomharba air i 1980), leis an Oirmh. Doug Baker (ó Mheiricea) agus le daoine eile, an bhféadfaí a leithéid d'eagrú in Éirinn. Thug siad faoi agus eagraíodh an chéad *Summerfest* i 1981 arb é ba théama leis: 'Go dtaga do Ríocht'. I measc na gcainteoirí, bhí an Mháthair Treasa ó Calcutta a thug dhá óráid agus a labhair lena lán grúpaí beaga. Bhí os cionn 300 duine i láthair ar feadh na seachtaine ar fad, idir óg agus aosta sna hochtóidí, agus ó mhórán sainaicmí Críostaí ó cheann ceann na hÉireann. Beartaíodh ar é a dhéanamh arís gach tríú bliain, le haidhmeana mar: saol aibí Críostaí a chothú, trí cheisteanna comhaimseartha a phlé, labhairt le cainteoirí ó thíortha agus ó chúlraí difriúla, agus eispéireas a fháil ar spraoi agus ar urnaí i dteannta a chéile.

Bhí an t-ádh ar mo chéile, Síle, agus orm féin a bheith i láthair ag dhá *Summerfest* – i 1994 (téama: "Sa bhaile ar an aistear") agus 1996 (téama: "Na nithe a chothaíonn síocháin") agus ag leagan giorraithe *Corryfest* i 2000 (téama: "Le chéile i gcomhair athrú"). Bhí na sluaite ann chomh mór nach raibh slí in gCoraidh Mheallach dóibh agus fuair a lán dínn aíocht i mBaile an Chaisil; tógadh ollphuball agus a lán puball eile do na himeachtaí. Ar na cláir bhí an-réimse imeachtaí: léachtaí ó chainteoirí den scoth, m.sh. Máire Mhic Ghiolla Íosa, an Seanadóir George Mitchell, Gerard Hughes S.J.; "grúpaí comhroinnte" ina mbuailfeá gach maidin le daoine ó shainaicmí Críostaí difriúla agus óna lán tíortha; drámaí agus coirmeacha ceoil ag baint le hábhar na féile; seirbhísi urnaí comónta agus Aifreann mar ar tugadh beannacht dóibh siúd narbh fhéidir leo an chomaoin a ghlacadh; iomainn ó Taizé agus Oileán Í, chomh maith le cinn a bhí cumtha go speisialta, ina measc "Pollen of Peace" le Roger Courtney atá aistrithe go Gaeilge, Gearmáinis, agus Polainnis. Bhraitheamar ina dhiaidh gur shaibhre ár gcreideamh de bharr freastal ar *Summerfest*. Thuigeamar a bhfuil comónta idir Chríostaithe de gach cúlra, agus ag an am céanna a thábhachtaí atá sé a bheith in ann labhairt go ciallmhar faoinár ndearcadh féin ar an gcreideamh, chomh maith le héisteacht.

Aithne Phearsanta ar Ray

Fear séimh, ciúin, cairdiúil is ea Ray Davey, cé go bhfuil sé níos laige anois agus é os cionn nócha bliain d'aois. Tá sé féin agus Kathleen pósta le trí scór bliain. Saolaíodh triúr clainne dóibh, beirt mhac agus iníon. Scríobh Kathleen dhá leabhar filíochta (inar pléadh téamaí sprioradálta), agus ba thaca mór do Ray í i mbunú Phobal Choraidh Mheallach. Nuair a fiafraíodh de Ray cérbh é an rud ba mhó a rinne sé, dúirt sé gan mhoill: "Kathleen a phósadh!"

Le linn deireadh seachtaine i gCoraidh Mheallach i 2005, bhuail mé leis an mbeirt acu agus labhair Kathleen liom ar feadh uair an chloig. D'inis sí faoi eachtra i 1985 nuair a tugadh cuireadh do Ray dul chuig Oirthear Bheirlín (bhí an Balla fós ina sheasamh). Ba dhuine de cheathrar é a raibh eispéiris éagsúla den Dara Cogadh Domhanda acu, agus bhí cuireadh acu chuig ócáid a d'eagraigh grúpa Giúdaí-Chríostaí. D'aontaigh Ray dul ann ar dhá choinníoll – go mbeadh cead ag Kathleen dul ann chomh maith agus gurbh fhéidir leo dul chuig Dresden i ndiaidh na hócáide (bhí taisteal teoranta in Oirthear na Gearmáine). Fuair sé an cead agus nuair a shroich siad Dresden, labhair Ray ag seirbhís sa *Kreuzkirche*, an eaglais is seanda sa chathair. Ina aitheasc, luaidh sé an phian a bhraith sé faoina chomhphríosúnaigh agus na mothúcháin a bhí acu faoi na holl-aer-ruathair, ach anois (1985) bhí siad aontaithe in athmhuintearas tríd an Tiarna. Luaigh sé focail ón Litir chuig na hEifísigh (2:13/14): "Anois, áfach, tá sibh i gCríost Íosa; sibhse a bhí tráth i bhfad i gcéin, tá sibh tagtha i ngaire de bharr fhuil Chríost. Mar is eisean ár síocháin, a rinne aon bhuíon amháin den dá phobal nuair a leag sé ar lár an balla deighilte, an naimhdeas ina cholainn".

An lá dár gcionn tugadh ticéid dóibh don Cheoláras, a bhí athoscailte díreach 40 bliain tar éis a bheith scriosta sna haer-ruathair. Bhí bean ina suí taobh le Kathleen agus ag sos sa cheoldráma, labhair sí léi. D'inis sí go raibh sise agus a fear chéile ag an tseirbhís sa Kreuzkirche agus gur aithin sí muintir Davey. Bhí a fear céile tar éis a mháthair, deartháir óg agus beirt seantuismitheoirí, a chailleadh sna haer-ruathair. Riamh ó shin bhí fuath agus nimh aige in aghaidh na mBreatnach agus na Meiriceánach. Ach ag an tseirbhís, bhraith sé corraithe, thosaigh sé ag gol, agus thuig sé gurbh fhéidir leis maithiúnas a thabhairt.

D'inis Kathleen dom go bhfuil thart ar ocht leabhar scríofa ag Ray, ina measc *Don't fence me in* (1947), *Six of the Best* (scéalta), agus *War Diaries* (2005). Tá cuid de na leabhair sin scríofa i gcomhar le daoine eile, cuid acu as cló anois, ach cuid eile ar fáil ó Phobal Choraidh Mheallach.

I measc na ngradam atá bronnta ar Ray, tá OBE ó Bhanríon na Breataine, agus céimeanna oinigh ó Ollscoil na Ríona, Ollscoil Mhá Nuad, agus Ollscoil Uladh.

Críochnóidh mé le ráiteas ó Ray féin: "Murar féidir linne Críostaithe teachtaireacht an athmhuintearais a chur in iúl, níl dada le rá againn". Tá a fhealsúnacht agus a shaothar cuimsithe san abairt sin.

Chiara Lubich

1920 -

Bunaitheoir *Focolare*

"Ionas go mba aon iad go léir" (*Eoin 17:21*)

“Tinteán” in Trento

Uaireanta fásann planda deas úr ó ithir neamhdhóchúil. Sampla amháin is ea eagras *Focolare* atá tar éis forbairt agus leathnú do na ceithre hairde agus a shíolraigh i measc uafáis an Dara Cogadh Domhanda. Is í an bunaitheoir agus an t-uachtarán le breis is trí scór bliain ná Chiara Silvia Lubich. B’as baile Trento, in oirthuaisceart na hIodáile in aice le sléibhte Dolomiti, di. Oileadh in Institiúid Oiliúna Múinteoirí í agus i nDámh Fealsúnachta in Ollscoil na Veinéise. Faoi 1943 bhí Chiara ar ais mar mhúinteoir ina baile dúchais. Ar 7 Nollag na bliana sin bheartaigh sí ar a saol iomlán a thabhairt do Dhia. Ina haonar a bhí sí ar dtús ag freagairt d’achainí a mhothaigh sí ó Dhia agus ní raibh tuairim aici faoin mbealach a bhí roimpi. Deir sí go n-áirítear tús na Gluaiseachta ón dáta sin.

Níor tháinig Trento slán ó léirscrios an Chogaidh. Go luath sa bhliain 1944, b’éigean do mhuintir Lubich teitheadh go dtí coill bheag a bhí gar dá dteach. Chonaic siad an teach á leagan go talamh ag buamaí. Chuimhnigh Chiara ar a cairde a bhí fós istigh sa bhaile agus thuig sí go raibh dualgas uirthi filleadh orthu, agus fuair sí slán sábháilte iad. Tamaillín roimhe sin bhí grúpa beag cailíní, ó aois 15 go 22, tar éis teacht faoi thionchar Chiara agus a ndílseacht do Dhia a dhearbhú. Ar 13 Bealtaine 1944 rinneadh buamáil mhillteach ar Trento agus tharla a leithéid go minic ina dhiaidh sin. Lá amháin bhí Lubich agus a comrádaithe ag lorg dídine i siléar faoin talamh, gan de sholas acu ach coinneal, gan le léamh acu ach cóip den Soiscéal ar rug sí greim uirthi go tapa. D’oscail sí í trí sheans ar an gcuntas ar ghuí dheireannach Íosa sula bhfuair sé bás “Ionas go mba aon iad go léir”. Bhíodh an grúpa beag sin ag guí lena chéile agus ag machnamh ar shliocht ón Scrioptúr a bhí léite acu. Am a bhí ann a raibh daoine ag cailleadh na nithe ab ansa leo – *fiancé* i gcás cailín amháin, deis oideachais ag duine eile, tithe ag a lán díobh. Thuig siad go raibh sprioc amháin nárbh fhéidir le buama ar bith é a scrios, is é sin Dia. “Cé hé Dia?” Bhí mar a bheadh léas lonrach ag líonadh a n-anamacha go léir: gurb é Dia an Grá.

Chum siad an téarma eatarthu féin: "briathar na beatha". D'oscail siad na Soiscéil uair eile agus léigh siad: "Bíodh grá agat do do chomharsa mar atá agat duit féin" (Matha 19:19). Thosaigh siad láithreach ag cuidiú le daoine a d'fhulaing sa chogadh. Uair eile léigh siad an sliocht ó Shoiscéal Lúcáis (6:38): "Tugaigí agus tabharfar daoibh". Thug siad bia dóibh siúd a bhí ocrach, go fiú agus thug siad an t-aon úll amháin a bhí fágtha sa teach d'fhear déirce a lorg rud éigin lena ithe; cad é ach an lá céanna tháinig mála úll isteach chucu! B'fhíor don Soiscéal! Gach a ndúirt Íosa, chuaigh sé i bhfeidhm orthu. Tháinig siad ar an "aithne nua" a thug Íosa dá dheisceabail: "sibh a thabhairt grá dá chéile faoi mar a thug mé grá daoibh" (Eoin: 15:12). Spreagadh grá díbhlíonach chun oibre iontu. Rinne siad sprioc dá mbeatha de ghuí Íosa: "go mba aon iad go léir".

As an ngrúpa beag cailíní sin, d'eascair an ghluaiseacht dhomhanda atá anois ann. Fuair Chiara beannacht don ghluaiseacht óna heaspag áitiúil, agus dúirt sé: "is léir lámh Dé sna heachtraí seo". Aon duine a tháinig i dteagmháil leis an ngrúpa óg sin, chuaigh sé i bhfeidhm orthu chomh cosúil is a bhí siad le teaghlach. Baisteadh *focolare*, focal Iodáilise ar 'thinteán', orthu, agus lean an t-ainm leo ó shin.

Faomhadh agus forbairt

Nuair a tháinig deireadh leis an gcogadh, scaip na cailíní ar fud na hIodáile. Ach, má scaip, ní dhearna siad dearmad ar an ngealltanas a bhí déanta acu in Trento – aontas a chothú eatarthu féin, agus Íosa a choinneáil ina measc. Gach áit a ndeachaigh na cailíní seo, mheall siad daoine chun an Soiscéal a chleachtadh leo. I 1948, bunaíodh an chéad ionad fear de chuid *Focolare*. An bhliain dár gcionn, eagraíodh chéad tionól samhraidh na gluaiseachta i dtuaisceart na hIodáile, agus tugadh *Mariopolis* (= cathair Mhuire) ar an ócáid. Sna 1950í, leathnaigh an ghluaiseacht ar fud na hEorpa (tá ceithre lárionad acu in Éirinn anois), agus i 1958 chuig Meiriceá Theas agus Meiriceá Thuaidh.

Thug an Pápa Eoin XXIII faomhadh don ghluaiseacht i 1962, agus thug an Pápa Pól VI a bheannacht dóibh chomh maith.

Go luath sna 1960í tháinig Liútaraigh, Anglacánaigh, agus baill d'Eaglais leasaithe na hEilbhéise, i dteagmháil leis an ngluaiseacht. Ar dtús bhí Chiara Lubich tar éis a dhearbhú nár ghluaiseacht éacúiméineach í, ach bhí na Críostaithe eile sin tógtha lena spioradáltacht agus lena béim ar ghrá. Bhuail sí leis an bPatrarc Athenagoras agus bunaíodh naisc le baill de na hEaglaisí Ceartchreidmheacha. In Ottmaring na Gearmáine, tá ionad *Focolare* ina gcleachtann Liútaraigh "an t-idéal". Leathnaigh an ghluaiseacht freisin san Afraic agus san Áis, agus chomh fada leis an Astráil.

Spreagann spioradáltacht na haontachta "dialóg na beatha" agus "dialóg na bpobal". Tá sé bunaithe ar an tuairim dhaingean go bhfuil níos mó i gcomhar lena chéile ag Críostaithe ná mar a scarann eaglaisí. Áirítear 50,000 duine i 300 comhthionól difriúil Críostaí a ghlacann spioradáltacht na haontachta ar shlite éagsúla. Tá gluaiseacht *Focolare* aitheanta agus á spreagadh ag ceannairí Críostaí ina n-eaglaisí. Bíonn cruinnithe na n-easpag agus na dtuataí ar siúl ar bhonn rialta timpeall an domhain. Ag tionól d'Eaglaisí na hEorpa in Graz na hOstaire i 1997, labhair Chiara Lubich ar spioradáltacht éacúiméineach i gcomhair ath-mhuintearais idir Chríostaithe.

Ionaid *Focolare* agus "Cathair Mhuire"

Le himeacht na mblianta, de réir mar a forbraíodh an spioradáltacht agus tuiscint bhaill na gluaiseachta, tógadh struchtúr mar bhunsraith na gluaiseachta. Áirítear, i leabhrán a foilsíodh sa bhliain 2000, go bhfuil thart ar dhá mhilliún go leith duine i nGluaiseacht *Focolare* i 184 tír. Ós rud é go bhfuil a bhformhór díobh scaipthe, agus nach dtagann siad le chéile ach anois is arís, scríobhann Chiara Lubich bileog mhíosúil "Briathar na Beatha" (a scaiptear in 80 teanga). Sa bhileog sin bíonn machnamh ar véarsa as an Scrioptúr (Sean-Tiomna nó Tiomna Nua) agus moltaí ar bhealaí chun é a chur i ngníomh sa saol laethúil.

Tá 18 gcineál craoibhe nó gráid sa ghluaiseacht, ar a dtugtar freisin *Opera di Maria* (Obair Mhuire). Tugtar *focolarini* ar na baill a choisreacann a saol do Dhia, agus maireann siad mar theaghlaigh mhóra i "dtithe Nazarat" áit a bhfuil an riail "Íosa ina measc" i réim. Bíonn na baill sin ag obair i ngnáthphoist agus roinneann siad a gcuid maoine lena chéile. Tá ceithre cinn d'ionaid *Focolare* sin in Éirinn, i mBaile Átha Cliath agus i gContae Chill Dara, mar a bhfuil tithe éagsúla curtha ar leataobh do mhná agus d'fhir.

I measc na n-aicmí agus na ngrád eile sa ghluaiseacht tá:

- Óglaigh a oibríonn i ngnéithe éagsúla den tsochaí;
- Sagairt, suas le 20,000 díobh bainteach le brainsí éagsúla;
- Clanna, atá faoi scáth "Nua-ghluaiseacht an Pharóiste" ina ndéanann siad athnuachan ar pharóiste mar phobal;
- "Nua-Ghluaiseacht Dhaonna" a bhíonn ag iarraidh athbheochan a dhéanamh ar na hearnálacha cultúir: leigheas, eacnamaíocht, polaitíocht, ealaíona, srl., de réir an tSoiscéil.

De réir a chéile, tógadh bailte beaga (*Mariopolis* bhuana), ina mbíonn idir thithe, scoileanna, agus ionaid oibre. Anois tá 20 díobh sin ann sna cúig Mhór-Roinn. Maireann pobail sna háiteanna sin ag iarraidh sampla a thabhairt de shochaí athnuaite de réir theagasc an tSoiscéil faoi aontacht. Braitheann tréithe gach baile díobh ar thoscaí áitiúla. Mar shampla:

- Sa Ghearmáin, is ar bonn éacúiméineach atá an baile bunaithe le Lútaraigh agus Caitlicigh ag maireachtáil le chéile ann;
- Sna hOileáin Fhilipíneacha tá baile ina mbíonn dialóg le reiligiúin an Oirthir;
- Sa Bhrasaíl agus san Airgintín, tháinig fiontair chun cinn a chabhraíonn leis an eacnamaíocht áitiúil;

- Tá *Mariopolis* i Loppiano na hIodáile a léiríonn idirnáisiúnachas le 800 sa daonra ó 70 tír (B'shin an chéad áit inar tógadh baile beag, siar i 1964).

Sa bhliain 1991 chuaigh Chiara Lubich don Bhrasaíl. Sheol sí moladh nua ag baint le teoiric agus cleachtas na heacnamaíochta, ar ar bhaist sí: 'Eacnamaíocht na Comaoine faoi Shaoirse'. Sa chomaoin sin tá an bhéim ar roinnt le chéile, seachas nithe a shealbhú. Sa mholadh seo, bíonn fiontar ag roinnt a mbrabúis i dtrí chuid – chun bochtanas a mhaolú, chun an gnó a fhorbairt, agus chun daoine a oiliúint sna smaointe sin. Anois tá breis is 700 fiontar páirteach timpeall an domhain. Mhúscail an smaoineamh úr eacnamaíochta seo suim ollúna ollscoile a d'eagraigh cúrsaí agus seimineáir bunaithe air. Léiríodh meas ar an leibhéal acadúil ar Chiara nuair a bhronn dhá ollscoil Céimeanna Oinigh san Eacnamaíocht uirthi.

Comhráite le lucht reiligiún eile

De réir mar a leathnaigh *Focolare* lasmuigh den Eoraip, tháinig an ghluaiseacht i dteagmháil le daoine de reiligiúin dhifriúla. Bhí dóchas ag Chiara ón am a raibh sí ina múinteoir óg i rith an chogaidh go dtógfaí droichid daoine, glúnta, aicmí sóisialta, agus ciníocha. Bhí an dóchas sin bunaithe ar a creideamh i nDia agus ar luach an daonnaí. I rith na 1970í, thosaigh dlúthchaidreamh le Búdaigh, Moslamaigh, Hiondúigh, is Giúdaigh. I 1977, bronnadh Duais Templeton um Fhorbairt i Reiligiún uirthi i Londain; san aitheasc ag an searmanas bronnta dúradh: "Lena béim ar ghrá, tá Chiara Lubich tar éis cur go mór le forbairt spioradálta an-chuid daoine. Tá a saothar i dtógáil aontachta ar cheann de na bealaí is tabhachtaí chun cur le caidreamh i measc Eaglaisí agus Reiligiún inniu".

Thug an tOirmhinneach Nikkyo Niwano, bunaitheoir cumann tuata Búdach sa tSeapáin (a bhfuil sé mhilliún ball aige) cuireadh i 1981 do Lubich a scéal spioradálta a roinnt le deich míle Búdach i dTóiceo. Dúirt sí ina dhiaidh: "Bhí an pobal amhail talamh lánréitithe inar leabaigh na síolta go doimhin. Ba mhór a chuaigh focail Íosa i bhfeidhm orm nuair a luaigh mé "Fiú amháin ribí bhur gcinn tá siad uile comhairthe agam" (Matha 10:30)". I 1997, ba í Chiara an chéad bhan-Chríostaí agus an chéad tuata a labhair le 800 de mhanaigh, de mhná rialta, is de thuataí in ollscoil agus mainistir Bhúdach sa Téalainn. D'éirigh an cuireadh áirithe sin as cuairt a thug beirt ionadaithe ó mhanachas na Téalainne ar *Mariopolis* in Loppiano na hIodáile; bhí siad siúd an-tógtha leis an aontacht idir gach aon duine ann agus leis an ngrá Críostaí nach raibh aon taithí acu air; arsa duine de na manaigh: "bhí fhios acu go raibh mé fuar mar go raibh taithí agam ar aeráid na hÁise Thoir-Theas agus d'ardaigh siad an teirmeastat agus thug siad blaincéid dom. Níos déanaí d'inis sé do Chiara go raibh sé tar éis a thuiscint gurb í 'an Chríostaíocht reiligiún an ghrá".

Ba thrí theagmhálacha pearsanta ag *focolarini* i dtíortha Ioslamacha a thosaigh dialóg le hIoslam. Anois tá 6,500 cara Moslamach i dteagmháil le *Focolare*, agus is é an nasc is mó eatarthu ná a spioradáltacht. D'iarr Imam W.D. Mohammed, ceannaire ar Chumann Moslamach Mheiriceá, ar Lubich spioradáltacht na haontachta a roinnt le 3,000 Moslamach de bhunadh Afrai-Mheiriceánach i mosc in Harlem, Nua-Eabhrac – ócáid nár tharla riamh roimhe sin! Sa bhliain 1999, tionóladh an Tríú Tionól Idirnáisiúnta de chairde Moslamacha na gluaiseachta *Focolare*. Bhraith Chiara láithreacht Dé ag na cruinnithe sin. Sa bhliain 2000, labhair sí ag comhdháil in Washington faoi "Spioradáltacht na haontachta i gcomhair bheatha sítheach an chine dhaonna".

Bíonn cruinnithe rialta ar siúl freisin le roinnt blianta anuas le Giúdaigh. Chuir pobal Giúdach na Róimhe crann olóige taobh le ceannceathrú idirnáisiúnta na gluaiseachta mar aitheantas do thiomantas *Focolare* i leith na síochána idir Giúdaigh agus Críostaithe. Ar mholadh ón Raibí Jack Bemporad, bhronn ollscoil in Connecticut Dochtúireacht Oinigh ar Chiara as ucht a raibh déanta aici ar son dialóige Giúdaí-Chríostaí. I 1998, ar chuireadh ó B'nai B'rith, bhuail sí le pobal Giúdach na hAirgintíne agus Urugua. Dúirt an Raibí Akiva gurb é grá na comharsan an "prionsabal is bunúsaí sa Tórah", agus tá prionsabal sin an ghrá mar chomhcheangal idir na reiligiúin éagsúla.

Gnéithe dá Spioradáltacht

Tá tagairtí déanta agam thuas do bhunchloch *Focolare*, agus luafaidh mé thíos gnéithe eile dá spioradáltacht go hachomair, mar a liostáil Lubich iad i leabhrán a scríobh sí.

- Deir sí: "Aon duine a thagann isteach sa Ghluaiseacht, gabhann siad trí athrú radacach: '**creidiúint i ngrá Dé**'.
- **Toil Dé:** Thuig an grúpa beag cailíní in Trento nár mhaoithneachas ná cráifeacht a bhí i ngrá Dé, ach toil Dé a dhéanamh. Ghlac siad go raibh orthu an toil sin a dhéanamh láithreach.
- **Briathar Dé:** Sna laethanta corraithe i rith an chogaidh, thosaigh an bhuíon bheag ar an Soiscéal a léamh agus a chur i ngníomh, ag tosú le "Bíodh grá agat do do chomharsa mar atá agat duit féin" (Matha 19:19). D'fhoghlaim siad ó véarsaí eile mar: "Iarr agus tabharfar duit" (Matha 7:7, Lc. 11:9) agus "Táim in éineacht libh i gcónaí go dtí deireadh an tsaoil" (Matha 28:20). Anois scríobhann Chiara tráchtaireacht bheag ar véarsa ó scrioptúr na míosa agus scaiptear milliún cóip di timpeall an domhain.
- **Soiscéal an ghrá:** Is gá dúinn gach aon duine a ghrá. Mar a dúirt Naomh Pól, bímis lag leis an lag, áthasach le lucht an áthais.
- **Grá dá chéile:** Grá díbhlíonach atá i gceist.
- **Íosa inár measc:** Bhraith an grúpa bunaidh neart nua ina measc, an Tiarna – "mar a mbíonn beirt nó triúr tagtha i gceann a chéile i m'ainmse, bím féin ansin ina measc" (Matha 18:20).
- **Íosa tréigthe:** Bheartaigh siad ar Íosa céasta a leanúint, ag machnamh ar a fhocail ón gcros: "A Dhia, a Dhia, cén fáth ar thréig tú mé" (Matha 27:46). Ba é Íosa tréigthe a lonraigh

an tslí dóibh i ndialóg idir-reiligiúnda agus i dteagmháil le haindiachaithe.

- **Aontacht:** Tríd an ngrá díbhlíonach agus trí fhanacht aontaithe le chéile, bíonn na *focolarini* in ann fianaise a thabhairt: "go mbeidís seo ina n-aon ionainn i dtreo go gcreidfidh an saol gur chuir tú uait mé" (Eoin 17:21).
- **Eocairist:** Bhí grásta de dhíth ar na *focolarini* mar shéala ar a n-aontacht, agus d'aimsigh siad an grásta sin san Eocairist. Ón tús, thosaigh siad ag dul chun Comaoine gach lá faoi spreagadh an Spioraid. Sin í sacraimint na haontachta.
- **Muire:** Gránn siad í mar mháthair na hEaglaise, mar mháthair na haontachta. Is ait an rud é ar an gcéad amharc, ach tá sí an-tábhachtach i gcúrsaí éacúiméineacha agus i ndialóg le reiligiúin eile. Deirtear i gcaiticiosma Protastúnach, *Evangelischer Erwachsenen-Katechismus* (1989): "ní hamháin go bhfuil Muire Caitliceach, ach tá sí Soiscéalach freisin. I gcás na Moslamach, tá Muire luaite 34 uair sa Chóran, agus áiríonn Mohammed í mar dhuine de na daoine móra tofa ag Dia agus mar eiseamláir na naofachta".

Aitheantas idirnáisiúnta agus gradaim

D'aithin an Eaglais Chiara Lubich ar an leibhéal is airde. Bhí sí páirteach i Sionad na nEaspag i 1985, agus dhá bhliain níos déanaí labhair sí ag an Sionad ar Ghairm agus ar Mhisean na dTuataí. Ba chomhairleoir í ar Chomhairle Phontaifiúil do na Tuataí, agus i 1999 ainmníodh ina hUachtarán Oinigh í ar an gComhairle Dhomhanda um Reiligiún agus um Shíocháin.

Ní i measc na gCaitliceach amháin a tugadh aitheantas do Chiara as a saothar. Bronnadh Dochtúireachtaí Oinigh i gCumarsáid Shóisialta, Diagacht, Eolaíocht Shóisialta, agus Fealsúnacht, uirthi. Ar na gradaim a bronnadh uirthi tá: Duais Templeton i leith Reiligiúin agus Síochána (Londain, 1977); Cros Ord Naomh Aibhistín de Cantebury (1981); Cros Bhiosantach (Istanbul, 1984); Plaic de Naomh Caitríona Siena

(1987); Duais Síochána Augustan (Augsburg, 1988); Duais i leith Oideachas na Síochána (UNESCO, 1996); Duais um Chearta Daonna ó Chomhairle na hEorpa (1998).

Iarfhocal

Agus í ceithre bliana le cois na gceithre scór, tháinig Lubich go Baile Átha Cliath i 2004 agus bhuail sí leis an Uachtarán Mhic Ghiolla Íosa. Labhair sí ag Comhdháil i gColáiste na hOllscoile in Belfield ar ar fhreastail 1,200 duine, agus labhair sí ar bhráithreachas uilíoch bunaithe ar ghrá. Fáidh, gan amhras, i ndomhan atá scoilte ag fanaicigh reiligiúnda agus ag saint tráchtála. Léiríonn Chiara bealach an ghrá dúinn ar shlí phraiticiúil – maidir le roinnt chothrom ar mhaoin an tsaoil, luann sí Naomh Pól: "Níl ann ach ceist cothroime; an fuílleach atá agaibhse i láthair na huaire, coinneoidh sé riar a gcáis leo siúd; agus an fuílleach a bheidh acu sin coinneoidh sé riar bhur gcáis libhse ar ball, agus sa tslí sin beidh cothrom ann." (II Cor. 8:14).

Jean Vanier

1928 -

Bunaitheoir *L'Arche*

"Thogh Dia nithe díchéillí an tsaoil chun lucht na heagna a náiriú"
(1 Cor. 1:27)

Oifigeach cabhlaigh agus Dochtúir fealsúnachta

Is iomaí aistear atá curtha de ina shaol go nuige seo ag Jean Vanier, idir aistir fhisciúla agus chuardach fada pearsanta ag lorg na gairme cirte dó féin. Rugadh i gCeanada é i 1928 mar a raibh a athair, George P. Vanier, ina Ghobharnóir Ginearálta. Ceapadh i dtosach gur saol míleata a bheadh i ndán dó. Ag aois 13 agus le linn an Dara Cogadh Domhanda, thrasnaigh Jean an tAtlantach chun liostáil sa *Royal Naval College* in Dartmouth. Tar éis a chúrsa oiliúna ansin cháiligh sé mar Oifigeach Cabhlaigh. Bhí tréimsí seirbhíse aige ar an long chogaidh Shasanach, *Vanguard*, agus ar an iompróir aerárthach *Magnificent* de chabhlach Cheanada. D'éirigh sé as an gcabhlach sin i 1950 agus thug aghaidh ar an bhFrainc. Chónaigh sé le comhphobal tuata *L'eau vive* gar do Pháras, agus thosaigh staidéar ar fhealsúnacht. Fad is a bhí Jean ag tóraíocht a ghairme, chaith sé bliain ag *La trappe Bellefontaine*, bliain ar fheirm, agus dhá bhliain i bhFatima. I 1962 bronnadh céim Dochtúra san Fhealsúnacht air, as tráchtas ar Arastotail.

Bunú *L'Arche* agus a leathnú

Tharla móimint chinniúnach i saol Vanier i 1964 nuair a d'iarr an tAthair Thomas Phillipp O.P. air teacht chun cónaithe in Trosly, gar do Pháras. Bhí an sagart ina shéiplíneach d'ionad do dhaoine míchumasacha ansin. Tháinig smaoineamh cinnte chuig Jean go gcaithfeadh sé comhphobal tuata a bhunú leis na boicht agus do na boicht agus do dhaoine a bhí brúite amach ón tsochaí. Cheannaigh sé seanteach a bhí i ndroch-chaoi ar ar baisteadh *L'Arche* (An Áirc). Bhuail sé le Raphael Simi agus Philippe Seaux, beirt fhear le míchumais fhorbartha, agus eatarthu bhunaigh siad comhphobal *L'Arche* an 5 Lúnasa 1964. Tháinig idir fhir agus mhná ann, cuid acu ó ionaid shiciatracha, agus leathnaigh an ghluaiseacht tríd an Fhrainc agus timpeall an domhain. Anois tá 103 comhphobal de chuid *L'Arche* ann agus Cónaidhm Idirnáisiúnta mar nasc eatarthu.

Bhí na Biáide agus saol Íosa mar threoir ag Vanier, agus ba é a dhearcadh go múineann daoine le míchumas intinne dúinn luach na comhroinnte, glacadh, agus lúcháir. Is é bunchloch *L'Arche* ná an coincheap "ag maireachtáil le" daoine le míchumas seachas "ag déanamh rudaí do" na daoine le míchumas. Scríobh Vanier: "Is ealaín dheacair agus uaireanta fadálach é a bheith ag éisteacht. Tá sé i bhfad níos éasca a rá le daoine cad atá le déanamh. Ach chun teacht ar a mianta, le croí oscailte agus saor, tá gá le *metanoia*, athrú dearcaidh. Má éistear le duine, ciallaíonn sé go gcaithfimid a bheith oscailte agus soghonta, ag ligean dó cur isteach orainn sa tslí is go n-athróidh ár nósanna agus ár mbealaí smaointe agus féachana".

Sa spiorad sin, i ngach comhphobal de chuid *L'Arche* bíonn roinnt bheag teaghlach ina mbíonn an próiseas cinnidh maidir le rudaí a dhéanamh á chomhroinnt, agus tugann gach duine ann an méid atá ar a chumas. Bíonn ceardlanna ann mar creidtear in *L'Arche* go bhfuil sé tábhachtach do dhínit an duine obair le dealramh a bheith aige. Déantar iarracht ar iad a shníomh isteach sa chomharsanacht áitiúil. Iad siúd nach acmhainn dóibh dul amach chuig gnáthphoist, tugtar tacaíocht dóibh laistigh de *L'Arche* ionas go sroichfidh siad barr a gcumais, agus go mbeidh saol saibhir acu i gcomhar lena chéile. Sagart Caipisíneach, Michael Horgan, a chaith ceithre bliana (seachas bliain amháin mar a bhí ar intinn aige) le *L'Arche* i gCill Chainnigh, scríobh sé cuntas san iris *Spirituality*. Fuair sé amach go dtugtar "bunbhaill" ar na daoine le míchumas meabhrach, agus go raibh a leithéid féin ina "chúntóir tí". Tá trí theach acu i gCill Chainnigh ina gcónaíonn aon bhall déag agus aon chúntoir déag. Tá gairdín orgánach acu agus ceardlann, agus díoltar torthaí a saothair le daoine áitiúla. Bhí fear amháin ann a fuair bás díreach sular imigh an sagart sin uathu. Ba bhreá leis a bheith ag obair sa ghairdín nó ag fiodóireacht; bhí spioradálacht láidir aige, den traidisiún Ceilteach – gar don nádúr. San alt sin, scríobh an Caipisíneach gur bhraith sé a laige féin sa chomhphobal sin, ach ina laige bhraith sé grá agus neart Dé. Bíonn Níochán na gCos mar shiombail lárnach in *L'Arche*.

I bpaidir *L'Arche*, deirtear: "A Spiorad Dé, tabhair dúinn croí ábhalmhór, i dtreo is go gcuirfimid fáilte roimh gach duine a chuirfidh tú chugainn".

Tá gá le han-chuid foighne agus tuisceana chuige sin. Admhaíonnn Vanier go mbíonn amanna nuair a bhraitheann sé féin frustachas agus go dtagann colg air. Ag a leithéid sin d'amanna, deir sé gur minic gurb í an bhean nó an fear míchumasach a thairgeann gníomh ceana nó measa a leigheasann an phian. Sin é ceacht *L'Arche*. Tá an tsimplíocht sin ina bunchloch ag teaghlaigh uile *L'Arche*. Cuirtear saol an chomhphobail i gcomhthéacs doimhin spioradálta. Cuireann Jean i gcuimhne mar a chaith Íosa leis "na rudaí beaga seo" agus gur spreag sé iad le teacht chuige. Ina fhocail féin: "Is é mistéir na ndaoine le míshumas meabhrach – agus d'fhéadfaimis an rud céanna a rá faoi dhaoine laga agus iad siúd go léir ar diúltaíodh dóibh – ná gurb iad foinse na beatha agus na fírinne iad. Má fháiltímid rompu, má théimid i gcomhpháirt leo, léiríonn siad d'fhir agus mhná an bealach chun muiníne, simplíochta, grá agus aontais".

Níl *L'Arche* nasctha le haon reiligiún amháin. In Éirinn, is Caitlicigh na baill. I gCeanada, bíonn an bhallraíocht de réir chomhdhéanamh reiligiúnda an phobail áitiúl. In áiteanna nó i dtíortha eile, bíonn Moslamaigh, Giúdaigh, Hiondúigh, nó ainchreidmhigh ann. Cothaítear saoirse agus meas ar choinsias an duine. Déantar iarracht in *L'Arche* tacaíocht a thabhairt do gach duine ina thraidisiún creidimh féin.

"Foi et Partage" agus "Foi et Lumiere"

I 1968 bhí Vanier ag seanmóireacht ar chúrsa spioradálta in Marylake, Ontario. Ag éirí as sin, bunaíodh *Foi et Partage* (Creideamh agus Roinnt), pobal a thagann le chéile uair sa mhí i gcomhair urnaí bunaithe ar an Soiscéal, agus go mbíonn fáilte roimh chách ann.

Trí bliana níos déanaí, i dteannta le Marie Heléne Matthieu, bhunaigh sé *Foi et Lumiere* (Creideamh agus solas). Sa ghluaiseacht sin, tagann daoine le míchumas, a dtuismitheaoirí agus a gcairde, le chéile i gcomhair comhroinnte, ceiliúrtha, agus urnaí. Faoi láthair, tá breis is míle comhphobal de sin timpeall an domhain, a thagann le chéile uair nó dhó sa mhí.

A chuid scríbhinní

Tá ar a laghad ocht leabhar scríofa ag Jean Vanier, móide agallaimh agus ailt in irisí.

Ceann de na leabhair is déanaí uaidh, *Befriending the Stranger*, tá sé bunaithe ar chainteanna a thug sé ar chúrsaí spioradálta sa Phoblacht Dhoiminiceach i Muir Chairib. Deir sé sa réamhrá go raibh an tseachtain mhacnaimh is phaidreoireachta sin tugtha aige do "chúntóirí" de chuid *L'Arche*, ach go raibh sé dírithe ar gach duine atá ag iarraidh maireachtáil de réir an tSoiscéil freisin. Nuair a chuir sé na cainteanna i bhfoirm leabhair, bhí sé chaibidil ar shé lá ann, gach ceann mar chéim ar thuras creidimh agus grá. Tá gach caibidil bunaithe ar véarsa ón Soiscéal nó ó leabhar eile den Bhíobla.

Sa bhrollach, déanann sé tagairt d'Íosa agus é os cionn Iarúsailéim. Insíonn sé faoi bheirt, Lusito in Santo Domingo agus Claudia in Honduras atá faoi mhíchumais throma, agus gur tháinig sonas ina saol nuair a bhain siad ballraíocht amach i gcomhphobal *L'Arche*. Cibé áit sa tsochaí atá againn, is pribhléid dúinn a bheith i ngar do dhaoine ar nós Lusito agus Claudia atá timpeall orainn. Is gá dúinn siúl láimh le hÍosa agus ligean dó sinn a threorú agus croí an tSoiscéil a léiriú dúinn.

Sna caibidlí éagsúla den leabhar, tráchtann Jean ar an nglaoch a thagann ó Dhia do gach duine dínn agus ar ghrá Dé. Insíonn sé scéal faoi chuairt ar phríosún ardslándála in Ontario, agus ar chaint a thug sé ann faoi *L'Arche* agus na daoine gortaithe, míchumasacha ann. Ag an deireadh, thosaigh príosúnach amháin ag béicíl air, ag rá: 'Bhí saol sócúlach agatsa! Ní thuigeann tú cad a mairimid tríd'. Tar éis dó guí ghairid a dhéanamh, labhair Jean leis: 'An dtabharfá cead dom na nithe a d'inis tú dom ó chianaibh a insint do dhaoine lasmuigh?' Fuair sé freagra dearfach, agus ansin tháinig inspioráid chuige fiafraí den phríosúnach an raibh sé pósta. Bhris an gol ar an bhfear, d'inis sé faoina bhean in Montreál a bhí i gcathaoir rotha agus nach bhfaca sé le dhá bhliain. D'fhoghlaim Vanier rud tábhachtach uaidh – gur minic foinse ár ndeor agus foréigin i bhfad níos doimhne ná sotal agus leithleachas; go mbíonn foréigean mar bhealach againn chun sinn a chosaint ar ár soghontacht. Scríobh Jean go mbíonn Dia ag glaoch ar fhir agus ar mhná i ngach aois; gur minic a ghlaotar ar dhaoine atá lag, umhal, ar imeall na sochaí, agus luann sé samplaí ó na Scrioptúir (m.sh an Samárach mná). Is gá dúinn éisteacht le guth bog Dé istigh ionainn.

I gcaibidil eile, luann sé na daoine agus na haicmí atá ar imeall na sochaí – in Éirinn, an lucht taistil; sa Fhrainc, na "*san papiers*" (gan aon stádas faoin dlí); i dtíortha san Afraic, páistí a shaolaítear le míchumas. Deir daoine eile leo in *L'Arche* go mion minic: "nach cur amú a bheith le daoine 'mar sin'!" Roinnt blianta ó shin, labhair Jean le grúpa tuismitheoirí, a raibh páistí leo ar scoil faoi stiúradh *L'Arche* in Burkina Faso in iarthar na hAfraice. Dúirt se leo: "Ceapann daoine áirithe go bhfuil bhur leanaí as a meabhair, agus tá mórán a bhfuil eagla orthu rompu. Ach an bhfuil a fhios agaibh gur páiste a bhfuil grá Dé aige atá in bhur bpáiste?" Labhair seanfhear Moslamach leis ag gabháil buíochais, ag rá: "níor inis duine ar bith dúinn go bhfuil grá ag Dia dár leanaí". Ar ndóigh is le teann ómóis a thugtaí "duine le Dia" ar a leithéid de dhuine sa Ghaeilge. Scríobh Vanier ag trácht ar an sliocht ó 1 Cor. 12: 21-5, ina raibh Naomh Pól ag cur síos ar na baill éagsúla den chorp agus an tslí a mbíonn siad ag brath ar a chéile. Dúirt sé gur dhóigh leis go raibh Pól ag tagairt i gcuid den sliocht sin do dhaoine le míchumas.

Thagair sé, in áit eile sa leabhar, do Mharcas 10-27: (dúirt Íosa) "tá an uile ní sodhéanta ag Dia". Luann Jean go bhfuil gá acu le neart nua ó Dhia chun maireachtáil de réir caidrimh sa chúnant lá i ndiaidh lae. Léirítear an cúnant le Dia, atá acu i *L'Arche*, nuair is féidir leo a rá: "Níl ar mo chumas é a dhéanamh! Ní féidir liom mo bheatha a chaitheamh go leanúnach leis na daoine seo! Ach tá a fhios agam gur féidir le Dia cabhrú liom é a dhéanamh". Tráchtann sé ar mhaithiúnas mar bhronntanas ó Dhia, atá i gceartlár theachtaireacht an tSoiscéil. Chun a bheith dílis dá gcúnant in *L'Arche*, caithfidh siad a bheith ina bhfir is ina mná maithiúnais.

Bíonn Eocairist le chéile ag comhphobal *L'Arche* in Trosly Déardaoin Mandála. Ansin téann siad go léir ar ais do na tithe éagsúla agus níonn siad cosa a chéile. Bíonn béile acu i dteannta a chéile (uan na Cásca) agus insíonn siad scéalta ag cuimhneamh ar cá háit a mbídís: "cá raibh tú deich mbliana ó shin? In ospidéal siciatrach. Agus tusa? Bhí mé i m'aonar agus an-bhrónach. Anois táimid glaoite le chéile ag Dia". Tugann siad buíochas nach bhfuil siad ina n-aonar feasta, go bhfuil siad glaoite le chéile mar dheartháireacha agus mar dheirfiúracha, mar phobal ar leith Dé a shiúlann le chéile in éineacht le Dia.

I leabhar eile dá chuid, *Finding Peace* (2003), scríobhann Vanier ar nithe comhaimseartha, ag tosú le heachtraí an 11 Meán Fómhair 2001 i Nua-Eabhrac agus in Washington. Nuair a insíodh do Jean faoi na hionsuithe, dhiúltaigh sé dul ag féachaint ar na pictiúir ar an teilifís. Theastaigh uaidh a chroí a choimeád suaimhneach chun guí.

Bhí eachtraí an 11 Meán Fómhair ag scairteadh air a bheith *tiomanta* go pearsanta d'obair na síochána, agus leanúint ag machnamh ar shíocháin agus ar fhoinsí foréigin ar domhan agus i ngach aon duine dínn. Bhí daoine ó chultúir agus ó reiligiúin éagsúla ag teacht le chéile tar éis na n-ionsuithe chun guí; ach ní raibh Vanier ar a shuaimhneas tar éis a bheith páirteach i roinnt tráthnónta urnaí. Bhraith sé nach raibh daoine ag guí ar son oird chóir nua idir náisiúin, ach le teann eagla bhí siad ag guí ar son an *status quo*, gan athrú, gan éadaingne. Ach thosaigh cúpla duine ag cur ceisteanna le dealramh: "Cén fath nach maith le tíortha Ioslamacha sinn? Cén fáth nach maith le tíortha bochta sinn? Cad atá laistiar de na hionsuithe seo?" Bhí siad ag iarraidh a thuiscint cad as a raibh an fuath ag teacht, conas na bacanna a bhíonn ag deighilt daoine agus cultúir a bhriseadh síos.

Leanann Vanier leis an dóchas go dtuigfidh níos mó daoine de réir a chéile gur saothar le haghaidh gach duine dínn is ea obair na síochána agus nach ea le haghaidh rialtas amháin. Bhí ocht mbliana is tríocha caite aige in *L'Arche* le fir agus mná a raibh míchumas meabhrach orthu, agus mhúnlaigh sin é i gcomhair na macnamh sin ar shíocháin agus ar throid. D'éirigh sé as an gCabhlach i 1950 mar gur glaodh air chun oibriú ar shlí eile ar son na síochána agus na saoirse, chun tuiscint níos fearr a fháil ar chúiseanna catha agus ar bhealach chun iad a leigheas trí spioradáltacht níos doimhne agus trí ghrá a ritheann ó chroí Dé.

Bhunaigh sé *L'Arche* i 1964 mar chuid den aistear sin. Theastaigh uaidh a bheatha a roinnt leo siúd a bhí lag agus comhphobail síochána a chruthú. Ar dtús, bhí go leor foréigin ina chuid comhphobal mar tháinig a lán de na háitritheoirí ó chúlraí faoi leatrom. Mar sin, ba chuid den saol laethúil aige a bheith ag déileáil le foréigean, agus tá taithí dá réir aige ar conas a fhásann daoine faoi mhuinín agus faoi shíocháin.

Insíonn sé scéal Etty Hillesum, Ollanach mná a cuireadh chun báis i seomraí gáis in Auschwitz, agus a bhí tar éis a scríobh: "Tar éis an Chogaidh seo scaoilfear dhá dhíle ar an domhan – díle de chineáltas grámhar agus díle fuatha; bhí a fhios agam gur chóir streachailt in aghaidh fuatha". Ba mhian leis, deir sé, na focail sin a ghlacadh chuige féin, ba mhian leis iad a bheith mar mhacalla tríd. Ina dialann, scríobh Etty faoina cuid machnamh ar an saol, a forbairt spioradálta, agus a tuiscint ar an gcine daonna. Cé nach raibh aon oiliúint fhoirmeálta reiligiúnda uirthi, scríobh sí faoina heispéireas ar Dhia. Ba dhóigh le Vanier gur dhuine d'fháithe móra síochána ár linne í, de bharr go raibh ar a cumas solas a thabhairt dóibh siúd atá imníoch faoi staid an domhain inniu. Cuireadh tús lena heagna agus d'fhás sí fad is a bhí sise agus a comh-Ghiúdaigh ag maireachtáil trí cheann de na tréimhsí ba dhorcha acu. Tríd an gcinedhíothú a bhí pleanáilte, d'oscail Etty bóthar an dóchais agus na síochána. Chreid Jean Vanier gur féidir linne a fhoghlaim conas an rud céanna a dhéanamh.

Tráchtann sé ar chathanna ar bhonn cultúrtha, polaitiúil agus sochaíoch.

Mar a deir Vanier, is annamh is féidir fíorshíocháin a chur i bhfeidhm ón taobh amuigh, caithfear í a chur ar bun laistigh agus idir phobail trí chruinnithe agus trí phlé agus trí í a leathnú amach. Go luath tar éis dó *L'Arche* a chur ar bun, tháinig bean chuige agus roinnt seanéadaí agus bróg seanchaite aici; theastaigh uaithi go dtabharfaí do na fir san ionad iad. Le cineáltas a tháinig sí, ní foláir, ach cheap sé go raibh a dearcadh go mór as a riocht – mar a raibh sí ag ofráil bruscair do dhaoine ar bruscar a bhí iontu féin.

Tráchtann Vanier freisin ar shárú na mbacanna – cultúrtha nó reiligiúnda – atá eadrainn. Dar leis go bhfaigheann creideamh, reiligiún agus cultúr a mbrí is doimhne de réir mar a bhíonn siad ina *mbealach* a chumasaíonn sinn chun a bheith nasctha le Dia, agus chun bualadh leo siúd atá éagsúil linn mar *dhaoine*. Is nithe iontacha iad na teagmhálacha mar sin idir dhaoine a sháraíonn am agus spás, reiligiún agus cultúr. Tugann siad daoine le chéile chun áite a bhfuil muinín agus comh-mheas ann.

Ní dóigh leis go n-eascraíonn maithiúnas *go nádúrtha* ionainn. Is é a eascraíonn go minic ná díoltas, fearg, lionn dubh. Ach is féidir maithiúnas a shealbhú mar bhronntanas, trí ghrásta Dé. Má aithnímid go bhfuil grá ag Dia dúinn, is féidir linn an bronntanas sin a shealbhú. Chun na bacanna eadrainn a shárú is gá dúinn dul i bhfiontar go ndiúltófar dúinn, nó gortú, pian agus uaigneas a fhulaingt – ní mór dul thar shábháilteacht na haimsire caite agus ár gcultúir uaireanta. Chun síocháin a chothú, ní mór dúinn dul ar thóir oscailteachta, fiontair, maithiúnais, agus saoirse chun go n-aimseoimid an rud naofa i ndaoine eile agus ionainn féin.

Tá an teideal céanna ar an leabhar agus atá ar an gcaibidil deiridh (*Finding Peace*). Tuairiscíonn Jean go bhfuil comhphobal de chuid *L'Arche* san India ina mbíonn Críostaithe, Moslamaigh, agus Hiondúigh ina gcónaí le chéile. Ní cheileann sé go n-éiríonn deacrachtaí sna comhphobail sin – ach is iad na deacrachtaí maireachtála céanna a d'fheicfeá i measc daoine d'aoiseanna, de riachtanais agus de chúlraí éagsúla ach a thagann ón traidisiún céanna creidimh.

Is cuid den daonnacht choiteann sinn go léir, agus is i dteannta a chéile a thuigimid diaidh ar ndiaidh gur féidir le difríocht, ainneoin a phianmhaire atá sí, a bheith ina taisce agus ní ina bagairt. Óna thaithí féin a bheith ina chónaí in *L'Arche*, fuair sé amach gur comhphobal an áit ar féidir sinn féin a leigheas agus ar féidir linn fás sa tsaoirse inmheánach atá riachtanach chun a bheith inár lucht leighis agus síochána.

Ní hionann síocháin a chothú agus gníomhartha móra a dhéanamh chun fadhbanna móra a réiteach, ar nós mar a rinne Nelson Mandela, Mahatma Gandhi, nó George Mitchell. Glaotar orainn go léir chun a bheith inár bhfir is mná síochána cibé áit a mbímid - sa teaghlach, san ionad oibre, inár bparóiste, inár gcomharsanacht. Is iad atá ina bhfáithe síochána iad siúd ina bpearsana agus ina ndearcadh nach spreagann eagla, ach a osclaíonn croíthe daoine do thuiscint agus do chomhbhá. Bímid inár bhfáithe síochána nuair a aimsímid ár laige. Ní ó bharr feabhais agus nirt a thagann síocháin. Tá cumhacht ag páistí óga an tsimplíocht atá folaithe inár gcroíthe féin a mhealladh amach, agus tá an chumhacht chéanna ag mórán fear agus ban le míchumas meabhrach. Ag maireachtáil in éineacht le daoine a ndearnadh díluacháil orthu, cabhraíonn sé leo siúd agus linne an luach daonna agus an dínit atá acu agus atá againne ar aon a aimsiú.

Críochnaíonn sé an leabhar sin ag rá, de réir mar atá sé ag dul in aois agus i laige, gurb é an méid atá uaidh ná a bheith mar choinneal bheag ag caitheamh ga beag solais sa domhan dorcha againn.

Scríobh sé alt i 2005 in iris *Lourdes* a ndearnadh athchló air in *The Far East*, faoin bPápa Eoin Pól II ag deireadh a shaoil. Dar le Vanier go raibh an Pápa ag múineadh níos mó dúinn trína iompar ná leis na himlitreacha a scríobh sé de bharr na slí a raibh sé ag caitheamh a shaoil naofa. Bhí sé tar éis éirí lag agus thaispeáin sé dúinn mar ba chóir dúinn maireachtáil lenár laige agus gan í a cheilt. Dearbhaíonn Jean gur bhraith sé go raibh an Pápa tagtha go *L'Arche* – an caidreamh idir sagairt agus tuataí, an bealach a maireann siad in éacúiméinachas agus i bplé idir-reiligiúin. Nuair a bhreathnaíonn sé ar chomhphobal *L'Arche*, is léir dó a bhfuil Dia ag iarraidh a rá leis an saol. Bíonn an saol ag glóiriú rudaí mar theicneolaíocht, éirim aigne, áilleacht, ach dealraíonn sé ar an taobh eile go léiríonn Dia gur tábhachtach leis na daoine is creaiceáilte, is lú éirim agus is laige.

Taisteal agus gradam

D'fhan Vanier i gceannas ar chomhphobal *L'Arch* in Trosly go dtí 1981, nuair a d'fhág sé an fhreagracht sin faoi dhaoine eile. Mar a chéile le Cónaidhm *L'Arche*.

Cé go bhfuil ceann de na tithe in Trosly ina "bhaile" aige i gcónaí, caitheann sé a chuid ama ag taisteal an domhain. Bíonn sé ag tabhairt cuairte ar na 103 chomhphobal de chuid *L'Arche* ar 5 mhór-roinn, ag tabhairt spreagtha agus comhairle do na "cúntóirí" iontu. Ina theannta sin, stiúrann sé comhdhálacha, cúrsaí spioradálta, agus tugann léachtaí i mórán ionad. Labhair sé in áiteanna chomh héagsúil le Coraidh Mheallach i dTuaisceart Aontroma agus an Phoblacht Dhoiminiceach i Muir Chairib.

Bhí ráchairt mhór ar dhá leabhar dá chuid - *Becoming Human* agus *Made for Happiness*. Bronnadh Duais Phól VI air as a shaothar ar son na forbatha daonna agus an fhoráis.

Aguisín

Gearrchuntais ar Nua-Fháithe Eile

Cinneadh deacair a bhí le déanamh agam an dáréag Fáithe de chuid an 20ú hAois a thoghadh. Bhí go leor daoine ag moladh dom an duine seo nó siúd a chur isteach. Nuair a bhí mo rogha dheireanach déanta agam, bhí seisear eile ar thrua gan iad a lua, agus bheartaigh mé ar aithris a dhéanamh ar Dhiarmuid Breathnach agus ar Mháire Ní Mhurchú in *Beathaisnéis 5* leis na gearrchuntais seo a leanas.

Proinsias Ó Duibh (1889-1980): Bunaitheoir Léigiún Mhuire

Státseirbhíseach a chaith a shaol i mBaile Átha Cliath, agus bhí an-seans aige ardú mór céime a fháil ach go bhfuair sé gairm níos airde. Ar 7 Meán Fómhair 1921 bhí sé ina éascaitheoir i mbunú "Chuallacht Mháthair na Trócaire", as ar tháinig Léigiún Mhuire ar ball. Mná amháin a bhí san eagras ar dtús. I gceann ocht mbliana, bunaíodh craobh fear. Obair aspalda de shaghas nua a chuir Proinsias roimh bhaill an Léigiúin – ceann dá chéad fheachtais ná dul isteach i gceantar striapachais i lár na príomhchathrach, ag labhairt le striapaigh agus ag iarraidh iad a thabhairt chun athshlánaithe. Bunaíodh brú *Sancta Maria* mar áit shlán chónaithe do na cailíní sráide. Ar ball, bunaíodh brúnna Réalta na Maidine agus *Regina Coeli* d'fhir agus do mhná faoi seach a bhí gan dídean. Bhí riaradh na mbrúnna go hiomlán i lámha Léigiúnaithe a bhí ag obair iontu go deonach. Leathnaigh an Léigiún ar fud na hÉireann agus thar lear. Mhéadaigh ar an ualach oibre riaracháin go dtí gur éirigh Proinsias as an státseirbhís agus go ndeachaigh ag obair go lánaimseartha don Léigiún.

Fear a bhí chun tosaigh ar a linn féin ba ea é. Ó na 1920í go dtí na 1950í bhí an Léigiún ina eagras ceannródaíoch. Bhí easpaig agus sagairt pharóiste áirithe in Éirinn amhrasach faoi áfach – ní raibh siad ullamh do thuataí a bheadh gníomhach in obair na hEaglaise. Chun dlús a chur le leathnú an eagrais i dtíortha miseanacha, áit ar cuireadh fáilte roimhe, cuireadh taidhleoirí amach. An bheirt ba cháiliúla díobh ná Éadáil Ní Chuinn (Oirthear na hAfraice 1936-1944) agus Alfie Lambe (Meiriceá Theas sna 1950í), a fuair bás ar a gcuid misean. Ag seisiún deireanach de Vatacáin II, tugadh cuireadh do Phroinsias mar bhreathnóir tuata; d'úsáid sé an deis chun bolscaireachta le heaspaig ó mhórán tíortha.

Lean Proinsias ag stiúradh an Léigiúin, go díreach nó go hindíreach go deireadh a shaoil fhada. Tugadh faoi obair nuálach, m.sh. Léigiúnaithe ag obair thar lear, i rith a laethanta saoire, i gcomhar leis an Eaglais áitiúil, ar ar tugadh *Peregrinatio Pro Christe* (ar nós na manach Gaelach). Ach ó na 1960í ar aghaidh, tráth a tharla athruithe ollmhóra san Eaglais agus sa saol i gcoitinne, is dócha gur chuir an cosc ar athrú ar bith ar chóras an Léigiúin isteach ar a fhorbairt. Sampla amháin de seo ná go nglactar leis, le tamall de bhlianta, go bhfuil oiliúint fhoirmeálta leanúnach riachtanach ag baill gach cumainn nó eagrais, rud nach dtarlaíonn sa Léigiún. Ach fuair na mílte duine in Éirinn amháin taithí sa Léigiún a sheas dóibh níos déanaí ina saol agus iad páirteach i gcúraimí paróiste. Tá cás chanónú Phroinsias Uí Dhuibh á iniuchadh faoi láthair.

Frank Pakenham, An Tiarna Longfort (1905-2001): "Cara dóibh siúd a bhí gan chairde"

Ball de chlann uasal Angla-Éireannach, a oileadh in Eton agus Oxford, áit ar bhuail sé le Elizabeth, bean a phós sé i 1931. Lean an pósadh ar feadh 70 bliain agus rugadh ochtar páistí dóibh – cuid acu a bhain cáil amach mar údair – Antonia Fraser, Thomas, agus Elizabeth féin. Scríobh Frank ar a laghad dosaen leabhar ar ábhair staire (ag tosú le *Peace by Ordeal*, foilsithe i 1935, faoi Chonradh Angla-Éireannach 1921), agus reiligiúnda (*Jesus Christ*, *St. Francis of Assisi*), agus an t-ábhar ba mhó lenar bhain sé cáil amach – cás na bpríosúnach (*Causes of Crime*, *Punishment and the Punished*, *Young Offenders*, foilsithe i 1993).

Bhí coinsias gníomhach aige i leith cúrsaí sóisialta, agus lean sé a bhean isteach i bPáirtí Lucht Oibre na Breataine. Droch-chás na n-oibritheoirí sa Spealadh Mór Eacnamaíochta a spreag ar dtús é, agus dúirt sé ar ball "Is sóisialach mé mar gur Críostaí mé". D'iompaigh sé ina Chaitliceach i 1940. I ndiaidh an Dara Cogadh Domhanda, cuireadh i gceannas ar chrios forghabhála na Breataine é sa Ghearmáin. Léirigh Pakenham comhbhá le fulaingt na nGearmánach agus rinne iarracht iad a chur ar a gcosa arís. Nuair a bhí Páirtí an Lucht Oibre i gcumhacht bhí mionphoist rialtais aige idir 1948 agus 1968, nuair a d'éirigh sé as an bpolaitíocht. Bhí an teideal Iarla an Longfoirt faighte mar oidhreacht aige ó 1961.

Chuir sé feachtas ar bun in aghaidh na pornagrafaíochta sna 1970í luatha. Ach ba é a shaothar fada ar son príosúnach a thuill cáil dó. Sa dá fheachtas sin, bhí air glacadh le magadh agus cáineadh ó nuachtáin, go háirithe cinn thablóideacha a thug "Lord Porn" agus "Lord Wrongford" air. Siar chomh fada le 1937, nuair a bhí Pakenham in chomhairleoir áitiúil in Oxford, thosaigh sé ag tabhairt cuairte ar phríosúnaigh. Sna 1950í, sheol sé fiosrúchán i gcúiseanna coire. Chuaigh sé i bhfiontar ag iarraidh saoradh a fháil don dúnmharfóir, Myra Hindley, nuair a bhí tréimhse fhada caite faoi ghlas aici.

Chreid sé nach bhfuil duine ar bith chomh holc nach féidir leo maithiúnas a fháil i gCríost. Cé gur thuig sé go maith na coireanna uafásacha a bhí déanta ag coirpigh áirithe, bhí sé sásta lámh chairdis a shíneadh chucu. Ba dhaoine daonna iad go léir. Níor mhór smaoineamh ar a gcúlra. Nach ndúirt Íosa: "Ní hiad na fíréin ach na peacaigh a bhfuilim tagtha á nglaoch chun aithrí". I 2000, d'fhoilsigh sé dialann ar a chúirteanna príosúin ó 1995-1999; is suntasach mar nach gcáineadh sé duine ar bith agus bhíodh sé ag lorg maitheasa i ngach aon duine (Cuimhnigh go raibh sé sna nóchaidí agus nach mór dall ag an am). I bhfad roimhe sin (1955), d'éirigh leis *New Bridge*, an chéad eagras tiomnaithe do leas na n-iarphríosúnach, a bhunú. Agus i 1963, mhol sé córas parúil atá in úsáid fós.

Franz Jägerstätter (1907-1943): Mairtíreach in aghaidh Cogaidh

Ní haon dea-cháil a bhí ar Jägarstätter le linn a óige. Bhíodh an t-ógánach ag tiomáint a ghluaisrothair ar ardluas timpeall a shráidbhaile, St. Radegund, san Ostair Uachtarach. Bhíodh sé trodach agus saolaíodh leanbh mar thoradh ar a chuid suirí. Chuaigh sé ag lorg comhairle ó shagart áitiúil, a mhol dó bean chéile dhiaganta a fháil. Phós sé Franziska, iníon feirmeora, a bhí inchurtha leis an "mbean chéile mhaith" i Seanfhocail 31: 10-31. Thosaigh siad ag guí is ag léamh an Bhíobla le chéile. Saolaíodh triúr leanaí dóibh idir 1937 agus 1940.

Ghabh Hitler ceannas ar an Ostair i 1938 agus cuireadh reifreann ar siúl ann chun faomhadh don *Anschluss*. Faoi bhrú ó na Naitsithe, mhol easpaig na hOstaire vótáil "is ea". I sráidbhaile St. Radegund bhí vóta amháin "ní hea" agus ba léir do dhaoine gur ó Jägerstätter an vóta sin. Faoin am sin, chreid sé go gcaithfeadh sé a bheith umhal do Dhia, ní do dhaoine. Scríobh sé tráchtas faoi theideal: "Bheith i do shóisialach náisiúnta (Naitsí) nó i do Chaitliceach".

Toisc saol ciúin mar fheirmeoir a bheith á chaitheamh aige, níor chuir na húdaráis stáit isteach air ar feadh tamaill. Ach ansin i bhFeabhra 1943, tháinig fógra insealbhaithe airm chuige. Lorg Franz comhairle ón sagart paróiste agus ón easpag; chuir siad siúd roimhe a dhualgais dá chlann is dá thír. I dtosach bhí Franziska in aghaidh a chinnidh diúltú don arm. Thuig sí an toradh, ach nuair ba léir di go raibh sé meáite gur peaca marfach a bheadh ann tacaíocht a thabhairt do na Naitsithe, sheas sí leis. Chreid Franz go daingean "go n-éilíonn Críost gníomh poiblí fianaise".

Mar sin, ar 1 Márta 1943, thosaigh sé ag siúl go baile Ems don ionad cláraithe míleata. Dhiúltaigh Jägerstätter do sheirbhís in arm Hitler; ní hé go raibh sé ina shíochánaí amach is amach, ach tuigeadh dó go raibh gníomhartha na Naitsithe éagórach agus peacúil. Coimeádadh i bpríosún in Linz é agus ansin aistríodh go Beirlín é. Bhí a ghaolta is a chairde ag impí air a intinn a athrú, ach fuair sé neart intinne ó Bhriathar Dé, ón Eocairist, agus ón urnaí. Ag cúirt mhíleata, daoradh chun báis é as tréas. Tháinig a bhean is a shagart paróiste ar cuairt chuige ach ní athródh sé a chinneadh. Dúirt sé: "coscann mo choinsias orm údarás a leanúint a chéasann an Eaglais". Ar 9 Lúnasa 1943, dí-cheannadh é mar "namhaid don stát". An oíche roimh ré scríobh sé chuig a bhean ag rá: "fiú más le mo lámha i slabhra a chaithfidh mé é seo a scríobh, is fearr sin ná dá mbeadh mo thoil i slabhra".

Rinneadh dearmad ar Franz, agus níor tugadh pinsean baintrí do Franziska go dtí 1950. Tháinig scoláire Meiriceánach ar a scéal sna 1960í, agus labhair an tArd-Easpag Thomas Roberts S.J. faoi ag Vatacáin II. Tugtar cuid den chreidiúint do scéal Jägerstätter as athrú i ndearcadh na hEaglaise Caitlicí maidir le cur i gcoinne coinsiasach.

Tá a cháil tar éis leathnú go tíortha eile ó shin. Le linn shearmanas cuimhneacháin 60 bliain a bháis, dúirt an Cairdinéal Schonborn: "Breathnaím ar Franz Jägerstätter mar dhuine de na finnéithe creidimh ba mhó sa 20ú haois".

Simone Weil (1909-1943): Fealsúnaí agus Misteach

Bean de chúlra Giúdach, fealsúnaí, scríbhneoir, 'Críostaí lasmuigh den Eaglais'.

Rugadh i bPáras í do thuismitheoirí oilte nár chleacht an Giúdachas. Oileadh i Lycée Henri IV agus in École Normale Supérieur í. Suim aici i mórán ábhar, ach i bhfealsúnacht go háirithe, agus d'oibrigh sí mar mhúinteoir tamall. Bá aici leis na boicht i gcónaí, agus í faoi thionchar Marx cé nár ghlac sí le húdarásaíochas an chumannachais. Briseadh as a post í de bharr a bheith páirteach i léirsiú le stailceoirí. Ní íosfadh sí ach an beagán d'fhonn breis a thabhairt uaithi do dhaoine bochta.

Chaith Simone bliain ag obair i monarchana ionas go dtuigfeadh sí cás na n-oibrithe. Chuaigh sí don Spáinn i 1936 mar iriseoir le linn an Chogaidh Chathartha. Gortaíodh í agus b'éigean di tréimhse a chaitheamh san Iodáil ag téarnamh. In Assisi di, le linn di a bheith ina haonar sa séipéilín ina mbíodh Naomh Proinsias ag guí, dúirt sí: "Bhí rud éigin níos láidre ná mé féin ag cur iachall orm dul ar mo ghlúine den chéad uair i mo shaol". Chaith sí deich la ó Dhomhnach na Pailme go Máirt Cásca i 1938 i mainistir Bheinidicteach. Chuaigh an liotúirge i bhfeidhm go mór uirthi agus as sin d'fhorbair deabhóid don Naomhshacraimint inti. Thart ar an mbliain sin, bhí ceithre eispéireas mhisteacha aici, agus ina dhiaidh bhí lé aici le Naomh Eoin na Croise.

Le hionradh na nGearmánach ar an bhFrainc i 1940, theith Simone agus a tuismitheoirí as Páras go ceantar Marseilles. D'éirigh sí cairdiúil le sagart Doiminiceach, Joseph-Marie Perrin, agus ar ball, bhí seisean ina anamchara aici. Rinne sí comparáid idir a gairm agus clog ag bualadh le cuireadh do dhaoine chun na heaglaise nach dtéann sé féin (an clog) isteach ann. Bhí an-tarraingt ag an gCríostaíocht do Weil ach níor lorg sí baisteadh riamh. Ceann de na cúiseanna ba mhó a raibh olc uirthi i leith na hEaglaise Caitlicí ná an Chrosáid Ailbíseach in aghaidh na n-eiriceach i gceantar Languedoc sa 13ú aois, inar maraíodh na mílte duine síochánta Scríobh Simone aiste faoin gcrosáid chéanna.

Nuair a d'éirigh le clann Weil teitheadh go Nua-Eabhrac, d'fhág Simone a cuid lamhscríbhinní go léir faoi chúram an Athar Perrin agus Caitlicigh eile, Gustave Thibon, a chuir an sagart in aithne di. A bhuíochas don bheirt sin, foilsíodh leabhair léi i ndiaidh an Chogaidh, chomh maith le leabhar criticiúil uathu *Simone Weil as we knew her.* Ar na leabhair le Simone féin tá: *Waiting for God, Selected Essays, Gravity and Grace, The Need for Roots, On Science, Neccesity, and the Love of God* (Sin cinn a aistríodh go Béarla). Mheas an Papa Pól VI gurbh í Weil duine de na trí mhórthionchar ar a fhorbairt intleachtach féin.

Ní rófhada a d'fhan sí i Nua-Eabhrac ach chuaigh go Londain agus bhí sí ag obair d'eagras an *Free French.* Bhí fonn uirthi filleadh ar a tír dhúchais, ach theip ar an tsláinte aici. Tugadh chuig ospidéal í mar go raibh galar na heitinne uirthi.

Ní íosfadh sí níos mó ná an méid a bhí ceadaithe faoi chiondáil sa Fhrainc. D'éag sí ag aois 34. Seo abairt óna cuid scríbhinní: "Caithfidh fonn a bheith ar dhuine i dtreo na réaltachta; ansin, nuair a cheapfá gur corpán atá aimsithe agat, seo chugat aingeal á rá "Tá Sé éirithe".

Beyers Naudé (1916 - 2004): Afrikaner, Tréadaí, Cara don Chine Gorm

Ba de shliocht cumhachtach Afrikaner é. Bhí a athair ar dhuine de na ceannairí i gCogadh na mBórach agus i measc bhunaitheoirí an *Broederbond* (cumann rúnda a bheartaigh is a mhúnlaigh an córas cinedheighilte). Ba é Beyers an té ab óige riamh a bhí ina bhall den *Broederbond.* Bhí sé ina thréadaí san Eaglais Leasaithe Ollannach. Bhí an-ghealladh faoi i gcúrsaí polaitíochta agus eaglasta. Ach nuair a bhí sé sna 40í, léiríodh solas ó Dhia dó mar a tharla do Shól ar an mbóthar go Damaisc. Trí léamh agus mhachnamh ar an mBíobla, thuig sé go raibh Briathar Dé á chur as a riocht ag a Eaglais mar bhunchloch don chinedheighilt.

Thosaigh sé (i bhfocail *Observer* Londan) ar "an aistear ba shia a rinne duine ar bith d'aon dath cnis san Afraic Theas".

Tar éis dó na droch-chúinsí maireachtála a brúdh ar mhianadóirí gorma a fheiceáil – rud a chuir uafás air – ba é an gníomh a rinne deimhnitheach é ná lámhach i Sharpeville i 1960 nuair a feallmaraíodh 69 ngormach a bhí ag agóid go síochánta in aghaidh na "ndlíthe pas". Nuair ba léir go raibh Naudé ag athrú a dhearcaidh go bunúsach ar chothromaíocht idir chiníocha sa tír, tugadh rabhadh dó go ndéanfaí baghcat go hiomlán air. Ach ní raibh sé sásta a bheith ina liobrálach ar an imeall – bhí air "briseadh amach ón *lager*". Cé go raibh sé pósta agus cúram clainne air, i 1963 thug sé a sheanmóir dheireanach ina eaglais ar an téama: "Umhlaíocht do Dhia".

Sheas a bhean lena chinneadh cróga.

Rinneadh stiúrthóir de ar an Institiúid Chríostaí, foras ilchiníoch, éacúiméineach, go dtí gur fógraíodh mídhleathach é sin i 1977. Dúirt sé go gcaithfí a bheith oscailte do Spiorad Dé ag léirmhíniú dúinn a bhfuil ag tarlú thart timpeall agus cén freagra ba chóir a thabhairt air. D'éirigh sé chomh mór le daoine gorma gur ardaíodh ar ghuaillí na ngormach é ag sochraid mhór dá gcuid – gníomh ar ar thug an tArdeaspag Tutu "ceann de na nithe ab áille dá bhfaca mé riamh".

Chuir an rialtas ordú toirmisc i bhfeidhm air, ordú a chosc air labhairt le níos mó ná duine amháin ag am ar bith, scríobh do nuachtán, taisteal lasmuigh de cheantar áirithe srl. Mhair an t-ordú ar feadh seacht mbliana. Ansin i 1984, ceapadh Naudé ina chomharba ar an Ardeaspag Tutu mar Ard-Rúnaí ar Chomhairle na nEaglaisí san Afraic Theas. Dhá bhliain ina dhiaidh sin bronnadh (i dteannta le Allan Boesak agus Winnie Mandela) Gradam Robert F. Kennedy um Chearta Daonna air. Rinneadh scannán doiciméideach ar a shaol *The Cry of Reason*, a raibh an chéad léiriú air i Washington D.C. Ag deireadh an scannáin luaigh sé a fhís dhóchasach a bhí bunaithe ar fhocail Chríost : "Táim tagtha ionas go mbeadh beatha agaibh, beatha ina hiomláine go léir".

Fáidh go deimhin!

Daniel Berrigan (1921-):
Sagart, gníomhaí ar son na síochána

Sna 1960í, bhí Daniel agus Philip Berrigan ar an liosta *Ten Most Wanted* ag an Oifig Fheidreálach Fiosrúcháin (FBI) faoi cheannas J. Edgar Hoover, agus chaith an bheirt deartháireacha a bhí ina sagairt tréimhsí i bpríosún as gníomhaíocht frithchogaidh. Bhí a n-athair, Tom, gníomhach i gceardchumann, agus nuair a chros údaráis na hEaglaise Caitlicí sna Stáit ar Chaitlicigh a bheith ina mbaill de cheardchumainn, d'fhág sé an Eaglais. Rugadh Daniel i Minnesota agus chaith sé formhór a shaoil i Nua-Eabhrac. Chuaigh sé isteach i gCumann Íosa díreach ón meánscoil agus oirníodh ina shagart é i 1952. Chuaigh Philip in ord rialta eile agus d'éirigh as ar ball. Mar ghníomhairí neamhfhoréigneacha in aghaidh cogaidh, ó Vítneam go dtí an Iaráic, bhain siad cáil amach. Ainmníodh Daniel faoi dhó do Dhuais Nobel na Síochána.

Bhunaigh an bheirt deartháireacha Berrigan in éineacht leis an diagaire agus scríbhneoir Thomas Merton grúpa idirchreidimh in aghaidh Chogadh Vítneam; scríobh siad litreacha chuig nuachtáin ag argóint gur chóir deireadh a chur leis an gcogadh. Gabhadh Philip i 1969 agus gearradh téarma príosúin sé bliana air as gníomhartha neamhfhoréigneacha. Thaistil Daniel, agus an tOllamh Zinn ó Ollscoil Bhostúin, go Hanoi (in aghaidh thoil an rialtais – ghlaoigh Hoover 'fealltóirí' orthu) agus d'éirigh leo triúr píolótaí Meiriceánacha a shaoradh mar chuid dá misean. Sa bhliain chéanna, chuaigh Daniel agus ochtar eile isteach chuig oifigí an bhord diorma (*draft board*) in Catonsville, Maryland, áit ar dhóigh siad 378 comhad; ní hamháin sin, ach d'eisigh an naonúr ráiteas ag rá:

"Tugaimid dúshlán na hEaglaise Caitlicí, eagras Críostaí eile, agus shionagóga Mheiriceá, as a gciúnas agus a meatacht i leith choireanna ár dtíre. Táimid deimhin de go bhfuil maorlathas reiligiúnda na tíre seo ciníoch, ina chomhchoireach sa chogadh seo, agus naimhdeach do na boicht". Daoradh Daniel Berrigan do thrí bliana príosúin, ach chuaigh sé "ar a choimeád" agus thóg sé roinnt míonna ar an FBI breith air.

An chéad fheachtas eile ina raibh na deartháireacha Berrigan agus a gcairde páirteach ná an *Plowshares Movement*, ainmnithe as Iseáia (2:4): "Buailfidh siad a gclaímhte amach ina soic chéachta". I monarcha *General Electric* in Pennsylvania ina ndéantaí páirteanna do dhiúracáin niúcléacha, chuaigh siad isteach agus bhuail siad le casúir ar na cóin sróin. Ó shin i leith, tharla a lán gníomhartha de chuid *Plowshare* timpeall an domhain.

Dar ndóigh, ní i mbun agóide amháin a chaith Daniel Berrigan a shaol go nuige seo, agus é breis is 50 bliain ina shagart. Bhíodh sé ag múineadh agus ag stiúradh cúrsaí spioradálta, agus ag obair le hothair a raibh ailse nó SEIF orthu. Agus ina chuid agóide, bíonn sé ag leanúint a choinsiasa agus ag tabhairt fianaise ar an Soiscéal. Nuair a vótáil Easpaig Chaitliceacha SAM le móramh 140-4 ar son ghníomhaíocht Mheiriceá san Afganastáin, dar leis gur thréigean é sin ar thraidisiún síochánta agus ar thraidisiún an "chogaidh chóir" agus labhair sé in Ollscoil Fordham ag rá: "Tá na hEaspaig tar éis droim láimhe a thabhairt linn". Ar ócáid a 75ú lá breithe, chuir a chomh-Íosánach, John Dear, leabhar in eagar: *Apostle of Peace: Essays in Honor of Daniel Berrigan.*

Scríobh sé os cionn 50 leabhar, ina measc bailiúchán filíochta, leabhar dar teideal *Daniel: Under the Siege of the Divine* (machnamh ar Leabhar Dhainiél i gcomhthéacs an domhain chomhaimseartha), agus dírbheathaisnéis. Tháinig sé go Baile Átha Cliath i 2002 (ag aois breis is ceithre scór) chun léacht a thabhairt faoin teideal *War is Terror is War.*